SEVENTH EDITION

WORKBOOK

Español a lo vivo

Ernest J. Wilkins
UNIVERSITY OF UTAH

Jerry W. Larson
BRIGHAM YOUNG UNIVERSITY

JOHN WILEY & SONS

NEW YORK   CHICHESTER   BRISBANE
TORONTO   SINGAPORE

ISBN 0-471-50774-1

Printed in the United States of America

10 9 8 7 6 5 4 3 2 1

Preface

This workbook has been prepared to help you improve your communication skill in Spanish. It has been written as a companion to the textbook *Español a lo vivo*, Seventh Edition. Each structure introduced in the textbook is practiced in the workbook, and the order of presentation is identical to that of the textbook. To familiarize yourself with the material to be presented in class, you can complete the exercises in the workbook before your instructor presents the oral exercises from the corresponding textbook lesson. Or you can wait until you have worked with the oral exercises in class and complete the workbook exercises as reinforcement.

Two preliminary lessons are found at the beginning of the workbook. The first lesson, *Lección de pronunciación*, contains answer sheets for the corresponding special pronunciation program found in the Audio Cassette Program. These short, listening-discrimination and pronunciation exercises will help you to distinguish between Spanish sounds as well as between certain Spanish sounds and English sounds that should not be pronounced when speaking Spanish.

The second preliminary lesson, *Lección de ortografía*, contains exercises to help you overcome some common errors in Spanish spelling, syllabication, and word stress.

Each regular lesson of the workbook is divided into four sections. The first section, *Cintas*, includes answer sheets to be used with the listening-comprehension exercises recorded in the Audio Cassette Program. These listening-comprehension exercises deal with the cultural notes, readings, and dialogs found in the corresponding lesson of the textbook.

The second section of the workbook lesson, *Procesamiento de palabras*, contains structured writing exercises designed to help you master the concepts introduced in the textbook.

The third section, *Expresión individual*, gives you an opportunity to express yourself more freely in Spanish with only minimal guidelines.

The fourth section, *Vocabulario*, includes a crossword puzzle to assist you in learning the lesson's new vocabulary.

A brief review (*Repaso*) follows every third lesson. These reviews help you determine how well you have learned the concepts in the previous three lessons. Each item in the review sections is identified with the number of the lesson in the textbook in which that concept or information is presented. If you are unable to answer a given item, you can refer back to the designated lesson.

To help you measure your listening-comprehension ability in Spanish, a series of listening-comprehension exams has been recorded for use after every third lesson. Answer sheets for your responses to these listening-comprehension exams follow the review lessons. The workbook concludes with an answer key to the *Lección de ortografía*, to the *Procesamiento de palabras* and *Vocabulario* sections of the eighteen workbook lessons and to the reviews that follow every third lesson. Translations of each of the textbook *Conversaciones* and of the *Notas culturales* for the first three lessons are also included.

We hope that your study of Spanish using *Español a lo vivo* will be enjoyable and rewarding.

The Authors

Contents

WORKBOOK

SEVENTH EDITION

Español
a lo vivo

Lección de pronunciación

Cintas

English "uh" or Spanish a?

Circle * if you hear English "uh" as in "above," a if you hear Spanish a as is hasta.[1]

1	*	a	3	*	a	5	*	a	7	*	a	9	*	a
2	*	a	4	*	a	6	*	a	8	*	a	10	*	a

English "ay" or Spanish e?

Circle * if your hear English "ay" as in "day," e if you hear Spanish e as in aprende.

1	*	e	3	*	e	5	*	e	7	*	e
2	*	e	4	*	e	6	*	e	8	*	e

English "ïh" or Spanish i?

Circle * if you hear English "ih" as in "in," i if you hear Spanish i as in sí.

1	*	i	4	*	i	7	*	i	10	*	i
2	*	i	5	*	i	8	*	i	11	*	i
3	*	i	6	*	i	9	*	i	12	*	i

English "ou," "uh," or Spanish o?

Circle * if you hear English "ou" as in "no" or English "uh" as in "tomorrow," o if you hear Spanish o as in cómo.

1	*	o	3	*	o	5	*	o	7	*	o
2	*	o	4	*	o	6	*	o	8	*	o

[1]In this Workbook, * is used as the symbol for any non-Spanish sound.

English "yu" or Spanish u?

*Circle * if you hear English "yu" as in "music," u if you hear Spanish u as in tú.*

1 * u   3 * u   5 * u

2 * u   4 * u   6 * u

Spanish b or Spanish b-?

Circle b if you hear Spanish stop b as in bueno, -b if you hear Spanish fricative -b as in abuela.

1 b -b   3 b -b   5 b -b   7 b -b

2 b -b   4 b -b   6 b -b   8 b -b

Spanish c: [s] or [k]?

Circle k if the letter c in each word is pronounced like a k, s if it is pronounced like an s.

1 k s   4 k s   7 k s   10 k s

2 k s   5 k s   8 k s   11 k s

3 k s   6 k s   9 k s   12 k s

English d or Spanish d-?

*Circle * if you hear English "d" as in "address," -d if you hear Spanish -d as in adiós.*

1 * -d   3 * -d   5 * -d   7 * -d   9 * -d

2 * -d   4 * -d   6 * -d   8 * -d   10 * -d

Spanish d or Spanish d-?

Circle d if you hear Spanish d as in San Diego, -d if you hear Spanish -d as in adiós.

1 d -d   3 d -d   5 d -d   7 d -d   9 d -d

2 d -d   4 d -d   6 d -d   8 d -d   10 d -d

Spanish g or Spanish g̶?

Circle **g** if you hear Spanish stop **g** as in **tengo**, g̶ if you hear Spanish continuing g̶ as in **mucho gusto**.

1 g g̶   4 g g̶   7 g g̶
2 g g̶   5 g g̶   8 g g̶
3 g g̶   6 g g̶   9 g g̶

Spanish k

Circle * if you hear an aspirated **k**-sound, **k** if you hear non-aspirated Spanish **k**.

1 * k   3 * k   5 * k
2 * k   4 * k   6 * k

English "ny" or Spanish ñ?

Circle * if you hear English "ny" as in "onion, canyon," **ñ** if you hear Spanish **ñ** as in **año**.

1 * ñ   3 * ñ   5 * ñ
2 * ñ   4 * ñ   6 * ñ

Spanish p

Circle * if you hear an aspirated **p**-sound, **p** if you hear non-aspirated Spanish **p**.

1 * p   3 * p   5 * p   7 * p   9 * p
2 * p   4 * p   6 * p   8 * p   10 * p

Voiced or voiceless Spanish s?

Circle **V** if you hear a voiced **s**-sound as in **mismo**, **VL** if you hear a voiceless **s**-sound as in **cortés**.

1 V VL   3 V VL   5 V VL   7 V VL   9 V VL
2 V VL   4 V VL   6 V VL   8 V VL   10 V VL

Spanish t or a ch-sound?

Circle ***** *if you hear a* **ch**-*sound,* **t** *if you hear Spanish* **t**.

1 * t   3 * t   5 * t   7 * t   9 * t

2 * t   4 * t   6 * t   8 * t   10 * t

Spanish diphthongs

Circle the diphthong you hear in each word.

1 ie ei ia   3 iu io ie   5 iu ie ia   7 ie ui iu   9 ei ia ie

2 ai ia ei   4 ia ai ei   6 ie ia ei   8 oi io ia   10 ie ei ia

Lección de ortografía

1. Silabeo

A The basic Spanish syllable consists of a consonant plus a vowel or dipthong (e.g., **ie**, **ue**).

se-ño-ra   Cu-ba   fue-go

Divide the following words into syllables, writing each syllable on the line provided.

1 como _____ _____

2 bueno _____ _____

3 mañana _____ _____ _____

B Two consonants are usually divided (for example, **es/tu/diar**). Exceptions: the consonant clusters **ch**, **ll**, and **rr**, and the combinations of **b**, **c**, **d**, **f**, **g**, **p**, or **t** with either **l** or **r**, are not divided (**ca/lle**, **a/brir**, **a/cla/mar**).

Divide the following words into syllables by marking a diagonal line between the syllables.

1 permiso   **3** mucho   **5** estudiante

2 Marta   **4** apreciar   **6** hablar

2. Particularidades de ortografía

A The k-sound in Spanish is spelled with a **c**, **qu**, or **k**, depending on the letters that follow it. Study the following patterns:

c + **l** *or* **r** + *vowel* (**c**lima, **c**reer)
c + **a**, **o**, *or* **u** (**c**aso, **c**odo, **c**uña)
qu + **e** *or* **i** (**qu**edar, **qu**itar)
k + *vowel, in a few names and scientific words.* (**k**ilo, **k**ilómetro)

*The following words begin with the k-sound. Fill in the blanks with **c**, **qu**, or **k** as appropriate.*

1 _____ada	**5** _____emar	**9** _____ien	**13** _____ilogramo
2 _____lase	**6** _____ince	**10** _____rudo	**14** _____ortar
3 _____omprar	**7** _____eso	**11** _____urso	**15** _____erer
4 _____asa	**8** _____rema	**12** _____into	**16** _____rear

B The **kw**-sound is spelled as follows:

cu + *vowel* (**cu**idado, **cu**ento)

Circle the sound represented in the following words.

1 cuatro   k   kw   3 cantar   k   kw   5 cuando   k   kw

2 cobre   k   kw   4 cuidar   k   kw   6 cuñado   k   kw

C The Spanish **g**-sound is represented in the following ways:

g + **l** *or* **r** + *vowel* (**g**lobo, peli**g**ro)
g + **a**, **o**, *or* **u** (**g**ato, bi**g**ote, **g**usto)
gu + **e** *or* **i** (lle**gu**e, **gu**itarra)

*The following words have the **g**-sound. Fill in the blanks with **g** or **gu** to correctly represent the sound.*

1 _____oma   4 _____loria   7 _____orra   10 _____ula

2 Mi_____el   5 _____erra   8 pe_____ar   11 man_____o

3 _____ala   6 ti_____re   9 _____iar   12 _____rupo

D The Spanish spelling for the **gw**-sound is **gu** + **a** (**Gu**atemala, **gu**apo) or **gü** + **e** (ci**gü**eña).

Circle the sound represented in the following words.

1 guardar   g   gw   4 güera   g   gw   7 zaguán   g   gw

2 guía   g   gw   5 guineo   g   gw   8 vergüenza   g   gw

3 Guadalupe   g   gw   6 ligue   g   gw   9 agua   g   gw

E The aspirated **h**-sound is spelled as follows:

g + **e** *or* **i** (**g**emelo, **g**iro)
j + *vowel* (**c**a**j**a, **j**inete, **j**efe, **j**ota, **j**unta)

The letter **h** in Spanish is not pronounced except in combination with **c**, rendering the same sound as the English *ch* (**ch**ico, o**ch**o).

Circle the initial sound represented in the following words.

1 banquete   k   kw   gw   h   6 cuadro   k   kw   gw   h

2 guapa   k   kw   gw   h   7 jamón   k   kw   gw   h

3 joven   k   kw   gw   h   8 girar   k   kw   gw   h

4 quito   k   kw   gw   h   9 cultura   k   kw   gw   h

5 guantes   k   kw   gw   h   10 gesto   k   kw   gw   h

F The s-sound in Hispanic America is spelled the following ways:[1]

c *before* e *or* i (centavo, cinco)
s   (casa, según, visita, caso, subir)
z   (zapato, picazón)

The z-sound in Spanish occurs when the letter s is followed by a voiced consonant such as **b, d, g, m,** or **n** (es mío, buenos días).

Circle the sound represented in the following words.

1 él sólo	s	z		3 desde	s	z		5 sábado	s	z		7 azul	s	z
2 los días	s	z		4 tiza	s	z		6 difícil	s	z		8 el centro	s	z

G The y-sound is represented as follows:

ll + *vowel* (llamar, calle)
y + *vowel* (yerba, yeso)

Note: As a consonant, the letter y is found only at the beginning of a word or syllable. As a vowel, y is equivalent in sound to Spanish i. It occurs as a vowel only when it stands alone or when it is at the end of a word (rey).

Circle the sound represented in the following words.

1 yelmo	y	i		3 ley	y	i		5 gallo	y	i
2 lleno	y	i		4 leyes	y	i		6 pan y agua	y	i

3. Acento

A Most words ending in a vowel, **n,** or **s** are stressed on the next-to-the-last syllable.

Underline the stressed syllable in the following words.

1 tardes   2 hablan   3 mañana   4 aprendes   5 vive

B Most words ending in a consonant other than **n** or **s** are stressed on the last syllable.

Underline the stressed syllable in the following words.

1 pared   2 usted   3 preguntar   4 nivel   5 universidad

---

[1]In most parts of Spain, the **z,** and **c** before **e** or **i,** is pronounced like *th* in *thin*.

LECCIÓN DE ORTOGRAFÍA **7**

C Words that do not follow the two patterns above have an accent mark written on the syllable that is stressed.

Underline the stressed syllable in the following words.

1 lección   2 está   3 adiós   4 cortés   5 pájaro

D The written accent mark is sometimes also used to distinguish between two words spelled the same way.

Give the English equivalents for the following words.

1 el _____   2 él _____   3 si _____   4 sí _____

Lección uno

Cintas

¿Lógico o absurdo?

You will hear ten pairs of statements. If the two statements are logically related, circle **L** *(lógico). If they do not go together, circle* **A** *(absurdo).*

1 L A	**3** L A	**5** L A	**7** L A	**9** L A
2 L A	**4** L A	**6** L A	**8** L A	**10** L A

Notas culturales

You will hear the **notas,** *and then a series of statements. If a statement is true in terms of the* **nota,** *circle* **V** *(verdadero). If it is false, circle* **F** *(falso).*

Saludos formales

  1 V   F

  2 V   F

  3 V   F

Saludos informales

  1 V   F

  2 V   F

  3 V   F

  4 V   F

Narración

You will hear the **narración,** *and then a series of statements. If a statement is true in terms of the* **narración,** *circle* **V** *(verdadero). If it is false, circle* **F** *(falso).*

1 V F	**3** V F	**5** V F	**7** V F	**9** V F
2 V F	**4** V F	**6** V F	**8** V F	**10** V F

Procesamiento de palabras

1. Saludos formales e[1] informales

A *You meet the following persons on the street. Write an appropriate greeting for each person.*

1 your banker   **Buenos días.**[2]

2 your best friend   _____

3 the college dean   _____

4 your girlfriend's mother   _____

5 your roommate's younger brother   _____

B *The following persons greet you in the store as indicated. Give an appropriate response.*

1 *The store manager:* ¿Cómo está?   *Your response:*   **Muy bien, gracias.**

2 *Susana:* ¡Hola! ¿Cómo estás?   *Your response:* _____

3 *Miguel's twin sister:* ¿Qué tal?   *Your response:* _____

4 *Mrs. Ortega:* Buenas tardes.   *Your response:* _____

5 *Your teammate:* Buenos días.   *Your response:* _____

2. Los artículos definidos

A *Write the appropriate form of the definite article* (**el, la, los, las**).

1 __el__ doctor

2 _____ joven (*m*)

3 _____ clases

4 _____ estudiantes (*f*)

5 _____ chicas

6 _____ profesores

7 _____ familias

8 _____ oficina

9 _____ chicos (*m, f*)[3]

10 _____ muchacho

11 _____ libros

12 _____ casas

B *Give the plural form of the following nouns and articles.*

1 el chico   __los chicos__

---

[1] Y (meaning *and*) becomes **e** before words beginning with an **i**-sound.

[2] The answer to the first item has been given as a model for the entire exercise.

[3] A mixed group, masculine and feminine.

2 la joven   _____

3 el estudiante   _____

4 el profesor   _____

5 la clase   _____

3. Los números cardinales 0 a 50

Decide which number is required to complete the equation and write its name in the blank.

1 3 + __cuatro__ = 7

2 21 − 9 = _____

3 _____ x 2 = 26

4 4 x 3 x 3 = _____

5 _____ + 17 = 42

6 23 − _____ = 13

7 _____ + 7 = 41

8 35 − _____ = 19

9 13 + 11 = _____

10 _____ − 8 = 41

11 14 x 3 = _____

12 41 − 15 = _____

4. El uso de hay

Write answers to the following questions, spelling out the names of the numbers indicated.

1 ¿Cuántos estudiantes hay en la clase? (31)

  __Hay treinta y un estudiantes en la clase.__

2 ¿Cuántas muchachas hay en la clase? (15)

  _____

3 ¿Cuántos libros hay en la mesa? (2)

  _____

4 ¿Cuántos muchachos hay en la clase? (13)

  _____

5 ¿Cuántas personas hay en tu familia? (7)

  _____

6 ¿Cuántos lápices hay en la mesa? (6)

  _____

7 ¿Cuántos profesores hay en la clase? (1)

  _____

5. Instrucciones y expresiones para usar en clase

A *Write the instruction or expression your instructor would use if he or she wanted you . . .*

1 to open your books to page two.

   <u>Abran los libros en la página dos.</u>

2 to say something again.

   _____

3 to sit down.

   _____

4 to speak louder.

   _____

5 to answer a question.

   _____

B *Write what you would say if you wanted to ask . . .*

1 how to say "pencil" in Spanish.

   _____

2 what "otra vez" means in English.

   _____

3 how the teacher is.

   _____

4 how your friend is.

   _____

6. ¿Cómo se llama . . .? (llamarse)

A *In the blank to the right of each person listed, write out the correct way to ask that person's name.*

1 your teacher   <u>¿Cómo se llama usted?</u>

2 your younger sister's friend _____

3 your university president _____

4 your new roommate _____

5 the classmate next to you _____

B *Give the Spanish equivalent for the following:*

1 My name is _____.[1]

2 Her name is Lisa. _____

3 What is your name? (*asked of a classmate*) _____

4 His name is Miguel. _____

5 The teacher's name is _____.

7. *Los adjetivos demostrativos*

Complete the sentences as indicated by the English cues.

1 (*this lesson*) Yo estudio __esta lección__ .

2 (*that house*) Juan vive en _____ .

3 (*Those young men*) _____ no hablan español.

4 (*This person*) _____ es mi profesor.

5 (*That young woman over there*) _____ es mi compañera de clase.

6 (*that book*) ¿Cómo se llama _____ ?

8. *Me gusta . . .*

A *Complete the following sentences using* **Me gusta** *or* **Me gustan** *as appropriate.*

1 _____ este libro.

2 _____ la música clásica.

3 No _____ las novelas de amor.

4 _____ la clase de español.

5 No _____ las clases de matemáticas.

B *Write the Spanish equivalent of the following questions. Use the* **tú**-*form.*[2]

1 Do you like television?

_____

____

[1]Fill in your own name.

[2]The Spanish equivalents for all words occurring in translation exercises are provided in the *Vocabulario Inglés–Español* in the back of your textbook.

2 Do you like this book?

_____

3 Do you like these activities?

_____

4 Do you like that professor?

_____

9. La formación de preguntas y palabras interrogativas

A *Make questions of the following sentences by changing the word order.*

1 Pepe está aquí.   <u>¿Está aquí Pepe?</u>

2 Carlos está en la clase. _____

3 Usted se llama Jones. _____

4 Ana María está cansada. _____

B *Write questions in Spanish using the cues below and any other necessary words.*

ENGLISH   **SPANISH**

1 How?/you/to be   <u>¿Cómo estás?</u>   *or*   <u>¿Cómo está usted?</u>

2 Where?/house/to be _____

3 Who?/not in class/to be _____

4 Whose?/book/to be _____

5 Where?/Felipe/to live _____

6 What?/he/to study _____

7 Whose?/this pencil/to be _____

8 Why?/you (**tú**-form)/Spanish/to study _____

9 Where?/you (**usted**-form)/to live _____

10 Which (Which one)?/your (**tú**-form) book/to be _____

C *Choose the correct answer and write it in the blank.*

1 ¿ _____ está Eduardo?

   a) Dónde   b) Cuál   c) Cuánto

2 ¿ _____ es el libro?

   a) Cuándo   b) De quién   c) Cuánto

3 ¿ _____ vive usted?

   a) Quién   b) Dónde   c) Cuánto

4 ¿ _____ es tu casa?

   a) Cuál   b) Por qué   c) Quién

10. Frases negativas

Rewrite the following sentences, making them negative.

1 Juan está cansado. __Juan no está cansado.__

2 Me llamo Felipe. _____

3 Ella está bien. _____

4 El profesor se llama Juan. _____

5 Manuela está en la clase. _____

11. Resumen

Choose the correct answer and write it in the blank.

1 ¿No vive en México __él__ ?

   a) Elena y María   b) nosotros   c) él

2 Ella _____ Elena.

   a) se llama   b) te llamas   c) habla

3 Usted se llama Alicia, ¿ _____ ?

   a) cuál   b) verdad   c) ella

4 Hola, Miguel. ¿Cómo _____ ?

   a) estás   b) está   c) vive

5 _____ chica no está aquí.

   a) Los   b) Las   c) La

6 ¿Cómo te llamas? _____

   a) Se llama Miguel.   b) Me llamo Miguel.   c) Te llamas Miguel.

7 Hay (15) _____ estudiantes en la clase.

   a) cincuenta   b) cinco   c) quince

8 ¿Te gustan las clases de matemáticas? _____

   a) Sí, te gustan.   b) Sí, me gusta.   c) Sí, me gustan.

9 ¿Dónde trabaja el profesor? _____

    a) Trabaja en la clase.   b) Trabaja mucho.   c) Trabaja en la mañana.

10 ¿Cuál es tu nombre? _____

    a) Muy bien, gracias.   b) Me llamo Ernesto.   c) La profesora se llama López.

Expresión individual

12. Saludos y preguntas personales

Write answers or responses to the following.

1 Buenos días.   **Buenos días.**

2 Buenas tardes. _____

3 Hola, ¿qué tal? _____

4 ¿Cómo está usted? _____

5 ¿Cómo se llama usted? _____

6 ¿Cómo está la familia? _____

7 ¿Dónde está usted? _____

8 ¿Cuántos estudiantes hay en la clase? _____

9 ¿Cómo se llama el profesor? _____

10 Hasta luego. _____

Vocabulario

Crucigrama

Complete the crossword puzzle (**crucigrama**) *as suggested by the cues, using vocabulary items from Lesson 1. Use all capital letters, without accent marks.*

HORIZONTALES

4 Students write with one of these.
5 La profesora, _____ profesor.
8 A dictionary contains an alphabetical listing of these.
11 A place where Latin Americans like to meet friends and eat.
12 How one feels after working or studying all day.
14 Another word for **profesión**.
15 Someone you would hire to build your house.
17 A gathering (of people).
19 Someone who works with financial records.
20 The word meaning *you* to be used when talking with your boss.

VERTICALES

1 This word means *enough*.
2 Used to write on the chalkboard.
3 Someone who sells things.
6 What one sings.
7 A book contains several of these.
9 What the teacher writes on.
10 One way you might respond to the question ¿**Cómo estás?** if you were feeling great.
13 Something given to a close friend upon meeting after a long absence.
16 Used for telling time.
18 Several of these make up a class.

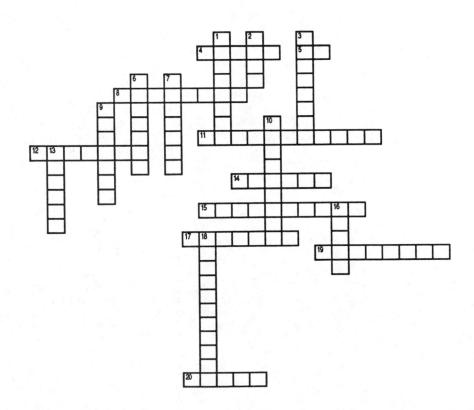

Lección dos

Cintas

¿Lógico o absurdo?

You will hear ten pairs of statements. If the two statements are logically related, circle L (lógico). If they do not go together, circle A (absurdo).

1 L A	3 L A	5 L A	7 L A	9 L A
2 L A	4 L A	6 L A	8 L A	10 L A

Notas culturales

*You will hear the **notas**, and then a series of statements. If a statement is true in terms of the **nota**, circle V (verdadero). If it is false, circle F (falso).*

1 V F	3 V F	5 V F	7 V F	9 V F
2 V F	4 V F	6 V F	8 V F	10 V F

Lectura

*You will hear the **lectura**, and then a series of statements. If a statement is true according to the **lectura**, circle V (verdadero). If it is false, circle F (falso).*

Maricarmen Castellón

1 V F	2 V F	3 V F	4 V F	5 V F

Rafael Castillo

1 V F	2 V F	3 V F	4 V F	5 V F

Narración

*You will hear the **narración**, and then a series of statements. If a statement is true in terms of the **narración**, circle V (verdadero). If it is false, circle F (falso).*

1 V F	3 V F	5 V F	7 V F	9 V F
2 V F	4 V F	6 V F	8 V F	10 V F

1. Los pronombres como sujetos

A *Write the subject pronoun or pronouns that correspond to the following verb forms.*

1 estás _____

2 vivimos _____

3 aprendo _____

4 habláis _____

5 vivo _____

6 viven _____

B *Write in an appropriate subject pronoun only if one will help clarify meaning.*

1 ¿Cómo estás _____?

2 ¿Dónde vive _____?

3 _____ vivo en California.

4 ¿Cómo está Carlos? _____ está bien.

2. Tú y usted

*In asking the following people how they are, decide whether you would use the **tú**- or **usted**-form of the verb. Then write **¿Cómo estás?** or **¿Cómo está usted?***

1 your roommate   __¿Cómo estás?__

2 your big brother _____

3 your teacher _____

4 your university president _____

5 your best friend _____

3. El tiempo presente de verbos regulares

A *Verbos en* **-ar**

Complete the responses to the following questions.

¿Quién habla español?

1 El profesor __habla español__.

2 Yo _____.

3 Antonio y Ana María _____.

4 Juan y yo _____.

5 Tú _____.

¿Quién estudia español?

6 Miguel _____.

7 Dolores y Lisa _____.

8 Tú _____.

9 Memo y yo _____.

10 Vosotros _____.

¿Quién trabaja en la fábrica?

11 Armando _____.

12 Yo _____.

13 Ellos _____.

14 Nosotros _____.

15 Daniel y Felipe _____.

¿Quién canta en la plaza?

16 Dolores _____.

17 Daniel y yo _____.

18 Elena y Alicia _____.

19 Vosotras _____.

20 Él _____.

¿Quién baila la salsa?

21 El profesor _____.

22 Ella _____.

23 Ellos _____.

24 Tú _____.

25 Yo _____.

B *Verbos en* **-er**

Complete the responses to the following questions.

¿Quién aprende francés?

1 Yo _____.

2 Los estudiantes _____.

3 Tú _____.

4 Joaquín y yo _____.

5 Ana _____.

¿Quién come mucho?

6 Yo _____.

7 Ella _____.

8 Miguel _____.

9 Nosotros _____.

10 Los estudiantes _____.

¿Quién lee francés?

11 Isabel _____.

12 Nosotros _____.

13 Él _____.

14 Ellos _____.

15 Tú y yo _____.

C *Verbos en* **-ir**

Complete the responses to the following questions.

¿Quién vive aquí?

1 Tú y yo _____.

2 Usted _____.

3 Juan y María _____.

4 Yo _____.

5 Nosotros _____.

¿Quién escribe bien?

6 Joaquín _____.

7 Yo _____.

8 Nosotras _____.

9 Miguel y Alicia _____.

10 Vosotros _____.

D *Give the Spanish equivalents for the following sentences.*

1 Are you (**usted**) learning Spanish?

_____

2 Luis y Juan live in California.

_____

3 Does Elena speak French too?

_____

4 What are you (**tú**-form) studying?

_____

5 Do they (*m*) read a lot at home?

_____

6 Where do you (**usted**-form) work?

_____

7 Do you (**tu**-form) dance in class?

_____

8 Do you (**vosotros**) understand Spanish?

_____

4. El tiempo presente de estar

Supply the correct form of estar.

1 ¿Dónde __está__ Carlos?

2 ¿ _____ en la clase Anita y Susana?

3 ¿Cómo _____ ustedes?

4 Miguel no _____ en casa.

5 Pepe y yo _____ muy cansados.

6 ¿Cómo _____ tú?

7 Ellos _____ bien.

8 ¿Cómo _____ vosotros?

5. El tiempo presente de ser

Fill in the blanks in the answers to the questions with the correct form of the verb **ser.**

1 ¿Es usted de Venezuela?   No, no _____ de Venezuela.

2 ¿Son ellos de España?   Sí, _____ de España.

3 ¿Eres rico?   No, no _____ rico.

4 ¿Son alemanes ustedes?   No, no _____ alemanes.

5 ¿Es rubia ella?   Sí, _____ rubia.

6 ¿Es difícil la clase?   No, no _____ difícil.

7 ¿Sois españolas vosotras?   Sí, _____ españolas.

6. Usos del artículo definido

Complete the sentences using an appropriate form of the definite article only when required.

1 _____ Rogelio aprende _____ español en la clase.

2 María habla bien _____ francés.

3 Buenos días, _____ doctor Suárez.

4 La clase de _____ español es interesante.

5 _____ mexicanos hablan bien _____ español.

7. El artículo indefinido

A *Fill in the blank with the appropriate form of the indefinite article (***un, una, unos, unas***).*

1 __Una__ chica vive en esta casa.

2 Estudio español con _____ chilenos.

3 _____ mexicanas estudian aquí.

4 _____ profesor colombiano vive aquí.

5 Él es _____ médico muy bueno.

B *Write in the correct indefinite article if one is required.*

1 Mario es _____ estudiante.

2 Soy _____ muchacho muy pobre.

3 Ellas son _____ señoritas altas.

4 Él es _____ norteamericano.

5 No somos _____ chicos tontos.

C *Rewrite the sentence, changing as necessary to accommodate the substituted word.*

El profesor González habla inglés.

1 ___**La profesora**___ mexicana ___**habla inglés**___ .

2 Un _____.

3 _____ profesora _____.

4 _____ habla bien _____.

5 _____ muchachos _____.

6 _____ estudian _____.

7 _____ muchacha _____.

8 Esa _____.

9 _____ hombres _____.

8. La concordancia de los adjetivos

Complete the responses.

1 ¿Es usted alto?   No, pero María ___**es alta**___ .

2 ¿Son ricos ellos?   No, pero ellas _____.

3 ¿Es inglés Alberto?   No, pero Ana _____.

4 ¿Son francesas ellas?   No, pero nosotros _____.

5 ¿Es guapo él?   No, pero Miguel y Memo _____.

6 ¿Eres rico?   No, pero Juan y María _____.

9. La colocación de los adjetivos

Complete the sentences as indicated by the English cues.

1 (*rich man*) Juan es un _____.

2 (*intelligent girls*) María y Marta son _____.

3 (*likable boy*) Pedro es un _____.

4 (*tall girl*) Ella es una _____.

10. Usos de ser y estar

Fill in the blank with the appropriate form of **ser** *or* **estar** *as required.*

1 La profesora __está__ en la clase.

2 María _____ de Venezuela.

3 Juan y yo _____ inteligentes.

4 Maricarmen _____ muy simpática.

5 La clase de español _____ muy interesante.

6 Ana y Carmen _____ secretarias.

7 Pablo no _____ aquí.

8 Yo _____ enfermo ahora.

9 Esta universidad _____ fantástica.

10 Antonio _____ moreno.

11. Resumen

A *Choose the correct answer and write it in the blank.*

1 Ellos no _____ bien.

   a) come   b) bebes   c) escriben

2 Yo no _____ norteamericana.

   a) Elena   b) soy   c) vivo

3 Daniela es _____ .

   a) secretaria   b) una secretaria   c) profesor

4 Ella es _____ profesora _____ .

   a) un . . . bueno   b) una . . . bueno   c) una . . . buena

5 ¿Dónde _____ Maricarmen?

   a) está   b) esta   c) es

6 _____ es fácil.

   a) Español   b) El español   c) De español

B *Write complete sentences using the appropriate forms of the words given and supplying others as necessary.*

1 Anabel – comprender – alemán

_____

2 yo – no – leer – francés

_____

3 estas – chicas – ser – amigas

_____

4 nosotros – bailar – salsa

_____

5 Jorge – comer – mucho

_____

Expresión individual

12. Complete las frases

1 Ana María no _____.

2 ¿Quién lee _____?

3 ¿Cuándo cantas _____?

4 ¿Trabajas tú _____?

5 Tú no eres _____.

13. Forme preguntas

1 Ella es profesora.

¿_____?

2 Los mexicanos comprenden español.

¿_____?

3 Los estudiantes leen francés.

¿_____?

4 Ana María bebe mucho.

¿_____?

5 Gloria está aquí.

¿_____?

14. Preguntas personales

Answer each question with a complete sentence.

1 ¿Qué bebes?

_____

2 ¿Son simpáticos los jóvenes de la clase?

_____

3 ¿Y las chicas?

_____

4 ¿Qué idioma comprendes?

_____

5 ¿Es interesante el español?

_____

6 ¿De dónde eres?

_____

7 ¿Dónde trabajas ahora?

_____

8 ¿Estás cansado/a ahora?

_____

9 ¿Qué cantan ustedes en la clase?

_____

10 ¿Eres inteligente?

_____

Vocabulario

Crucigrama

Complete the **crucigrama** as suggested by the cues, using vocabulary items from Lesson 2. Use all capital letters, without accent marks.

HORIZONTALES

5   Opposite of **guapa**.
6   The kind of boyfriend girls often want.
8   Synonym of **simpático**.
10 What one is if he is not short.
12 Someone who always looks at the negative side of things.
13 A popular place during the summer.
14 Not rich.
15 Said of someone who acts unwisely.
16 Opposite of **triste**.
18 What one may become if he eats too much.

VERTICALES

1   A systematic means communication.
2   Opposite of **fácil**.
3   How no one likes to feel.
4   Opposite of **gordo**.
7   Synonym of **beber**.
9   Synonym of **inteligente**.
10 Describes someone who is unfriendly.
11 Opposite of **joven**.
12 A fun place to go with the family.
17 Where many students sleep at night.

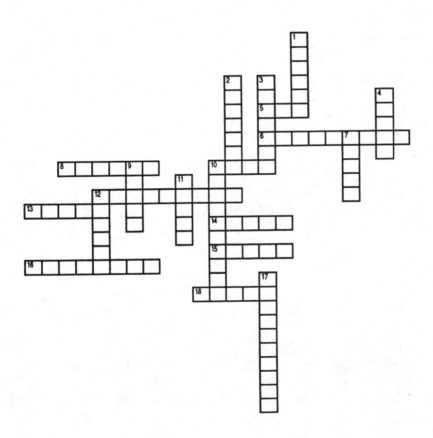

Lección tres

Cintas

¿Lógico o absurdo?

You will hear ten pairs of statements. If the two statements are logically related, circle **L** (**lógico**). *If they do not go together, circle* **A** (**absurdo**).

1 L A	3 L A	5 L A	7 L A	9 L A
2 L A	4 L A	6 L A	8 L A	10 L A

Notas culturales

You will hear the **notas,** *and then a series of statements. If a statement is true in terms of the* **nota,** *circle* **V** (**verdadero**). *If it is false, circle* **F** (**falso**).

La madre

1 V F	2 V F	3 V F	4 V F

El padre

1 V F	2 V F	3 V F	4 V F

La familia

1 V F	2 V F	3 V F	4 V F

Los apellidos

1 V F	2 V F

Lectura

You will hear the **lectura,** *and then a series of statements. If a statement is true according to the* **lectura,** *circle* **V** (**verdadero**). *If it is false, circle* **F** (**falso**).

1 V F	3 V F	5 V F	7 V F	9 V F
2 V F	4 V F	6 V F	8 V F	10 V F

Narración

You will hear the **narración**, and then a series of statements. If a statement is true in terms of the **narración**, circle **V** (verdadero). If it is false, circle **F** (falso).

1 V F	3 V F	5 V F	7 V F	9 V F
2 V F	4 V F	6 V F	8 V F	10 V F

Procesamiento de palabras

1. El verbo irregular ir

Supply the correct form of the verb **ir**.

1 ¿ _____ usted al parque?

2 Alfredo no _____ a la clase con nosotros.

3 Nosotros no _____ mucho a las fiestas.

4. ¿ _____ Luisa y Hortensia a la Argentina?

5 ¿ _____ tú con nosotros?

6 Esos muchachos no _____ a la clase.

2. Ir a + *infinitivo*

Answer the following questions affirmatively.

1 ¿Va usted a trabajar esta noche?

_____

2 ¿Van a comenzar las clases mañana?

_____

3 ¿Vas a estar en casa esta tarde?

_____

4 ¿Van ustedes a estudiar esta lección?

_____

3. Los días de la semana

A Write the correct day in the blank.

1 Si hoy es martes, mañana es _____.

2 Si hoy es sábado, mañana es _____.

3 Si hoy es jueves, mañana es _____.

4 Si hoy es miércoles, mañana es _____.

5 Si hoy es viernes, mañana es _____.

B *Translate into Spanish.*

1 On Tuesdays I have an English class.

_____

2 We have to study Spanish every day.

_____

3 Are you (**ustedes**) coming on Saturday?

_____

4 Today is Wednesday.

_____

5 Fridays are good. Mondays are bad.

_____

4. *El verbo* venir

A *Supply the form of* **venir** *suggested by the cue.*

1 (ellos) No __**vienen**__ mañana.

2 (él) No _____ mañana.

3 (ellas) ¿ _____ a la clase?

4 (tú) _____ a la clase mañana, ¿no?

5 (vosotros) ¿ _____ a mi casa esta noche?

6 (yo) No _____ tarde a la clase.

B *Give a negative response to the following questions.*

1 ¿Vienen ustedes a la universidad por la tarde?

_____

2 ¿Viene tarde a la clase el profesor?

_____

3 ¿Vienes tú tarde a la clase?

_____

5. El verbo tener

A *Supply the form of* **tener** *suggested by the cue.*

1 (él) No _____ hermanos.

2 (María) No _____ hermanos.

3 (ellos) No _____ clases mañana.

4 (yo) No _____ clases mañana.

5 (nosotras) _____ muchos amigos.

6 (vosotros) _____ muchos amigos.

B *Give a negative response to the following questions.*

1 ¿Tiene hermanos la profesora?

_____

2 ¿Tienen ustedes clases difíciles?

_____

3 ¿Tienes clases los domingos?

_____

6. Tener que + *infinitivo*

Write the Spanish equivalent.

1 I have to buy a gift.

   Tengo que comprar un regalo.

2 The professor doesn't have to work on Saturday.

_____

3 We have to study now.

_____

4 The students have to learn Spanish.

_____

5 We have to come to class tomorrow.

_____

7. Contracción de a + el → al

Fill in the blanks with **al, a la, a los,** *or* **a las** *as required.*

1 Ricardo va __a la__ oficina.

2 Los estudiantes van _____ clase.

3 No, gracias, no voy _____ centro.

4 Mañana vamos _____ cine.

5 Hoy no voy _____ parque.

6 ¿Tú vas _____ hospital hoy?

7 Ustedes no van _____ cine, ¿verdad?

8 ¿Llamas _____ médico?

9 Hoy vamos _____ concierto y _____ universidad.

8. Contracción de de + el → del

Fill in the blanks with **del**, **de la**, **de los**, *or* **de las** *as required.*

1 Vienen _____ cine muy tarde.

2 Soy amigo _____ señor Álvarez.

3 ¿Cuándo viene usted _____ universidad?

4 ¿Es usted hermano _____ profesor?

5 Esos libros son _____ estudiantes (*f*).

9. Los adjetivos posesivos

A *Rewrite the following sentences using an appropriate form of* **ser** *plus* **de**.

1 Hortensia tiene un regalo.

   __El regalo es de Hortensia.__

2 La universidad tiene un hospital.

   _____

3 Los profesores tienen oficinas.

   _____

4 Mi hermano tiene un coche nuevo.

   _____

5 Mis padres tienen una casa grande.

   _____

6 Ricardo tiene un restaurante.

   _____

B *Supply the correct form of the possessive adjectives.*

1 Son los tíos de Luisa. Son __sus__ tíos.

2 Es el hermano de nosotros. Es _____ hermano.

3 Es la amiga de ellos. Es _____ amiga.

4 Son los padres de Carlos. Son _____ padres.

5 Es la prima de papá. Es _____ prima.

6 Es la casa de Carlos. Es _____ casa.

C *Rewrite the sentence, changing as necessary to accommodate the substituted word or words.*

Mi mamá está en casa.

1 __Mis__ amigos __están en casa__ .

2 Nuestro _____.

3 Mi _____ en el centro.

4 _____ tíos _____.

5 Su _____.

6 _____ hermanas _____ aquí.

7 Mis _____.

10. Verbos que cambian la raíz (e → ie).

A *Supply the form of* **pensar** *suggested by the cue.*

1 (tú) ¿Qué __piensas__ de la universidad?

2 (ellos) _____ visitar México.

3 (el profesor) ¿Qué _____ de la clase?

4 (vosotros) ¿Qué _____ hacer después de la clase?

5 (yo) _____ ir al cine.

B *Supply the form of* **querer** *suggested by the cue.*

1 (ellas) _____ tener una fiesta.

2 (nosotros) _____ ir al centro.

3 (usted) ¿ _____ ir a la clase los sábados?

4 (tú) ¿Qué _____ hacer ahora?

5 (yo) _____ a mi familia.

C *Supply the form of* **entender** *suggested by the cue.*

1 (nosotros) _____ bien la lección.

2 (tú) ¿ _____ la pregunta?

3 (ustedes) ¿No _____ ese idioma?

D *Supply the form of* **comenzar.**

1 La clase _____ mañana.

2 Yo _____ el trabajo esta noche.

3 ¿ _____ ellos el trabajo esta tarde?

E *Supply the form of* **preferir.**

1 ¿Dónde _____ usted estudiar?

2 Yo _____ comer ahora.

3 ¿ _____ ustedes aprender español o francés?

4 Nosotros _____ aprender español.

F *Write affirmative answers to the following questions.*

1 ¿Piensas estudiar esta noche?

_____

2 ¿Entiendes bien la lección?

_____

3 ¿Quieren tus amigos vivir en México?

_____

4 ¿Quieren los estudiantes aprender francés también?

_____

5 ¿Comienzan las clases esta semana?

_____

6 ¿Prefieren ustedes comer en la cafetería?

_____

11. El reloj y la hora

A *Fill in the blanks with the Spanish equivalent of the English words in parentheses.*

1 (*at 6:00*) Voy al centro _____.

2 (*it is 10:00*) Ahora _____.

3 (*at 4:00*) Vamos al cine _____.

4 (*it is one o'clock*) Ahora _____.

B *Give the Spanish equivalents of the following.*

1 I'm going home at five o'clock sharp.

_____

2 What time is it?

_____

3 It's 4:50 p.m. now.

_____

4 Class starts at 8:30 a.m.

_____

5 I always study at night.

_____

6 What time are you (**tú**) going home?

_____

12. La **a** de persona

Supply an **a** *in the blanks when it is required.*

1 Quiero mucho __**a**__ mamá.

2 Ellos no quieren _____ venir.

3 No veo _____ Marcos.

4 María tiene _____ un hermano.

5 Buscamos _____ Lisa.

6 ¿Quieres comprar _____ un regalo?

7 ¿Entendéis _____ la profesora?

13. Resumen

A *Choose the correct answer and write it in the blank.*

1 Tengo cuatro hermanos. Son ___**mis hermanos**___ .

   a) mi hermano   b) mis hermanos   c) mi hermana

2 Tú tienes muchos amigos. Son _____ .

   a) sus amigos   b) nuestros hermanos   c) tus amigos

3 Mi compañero y yo no _____ trabajar.

   a) queremos   b) quieres   c) quieren

4 Nuestros amigos _____ fiesta.

   a) vienen al   b) vienen en la   c) vienen a la

5 Somos amigos _____ chileno.

   a) del   b) al   c) de

6 Yo no _____ trabajar en la universidad.

   a) tengo   b) tiene que   c) tengo que

7 Hay _____ parque en el centro.

   a) una   b) un   c) uno

B *Write sentences using the appropriate forms of the words given and supplying other words as necessary.*

1 yo – no – ir – comprar – tres – casa

   __Yo no voy a comprar tres casas.__

2 ellos – venir – de – Universidad – México

_____

3 Cecilia – entender – cuatro – idioma – y – estudiar – mucho

_____

4 él – tener – estar – universidad – nueve – sábado

_____

C *According to the context of the sentence, select an appropriate verb from the list and write the correct form of that verb in the blank.*

1 ¿ _____ tú cinco hermanos?

2 María y Elena _____ amigas del profesor.

3 Yo no _____ al cine.

4 ¿ _____ ustedes español y francés?

5 Luisa _____ comprar regalos.

6 Sí, yo _____ enfermo.

7 Las clases _____ mañana.

8 Nosotros _____ que trabajar esta noche.

9 ¿ _____ ustedes el hospital?

10 Hoy _____ miércoles, ¿no?

aprender
buscar
comenzar
entender
estar
hablar
ir
querer
ser
tener
trabajar
venir
ver

Expresión individual

14. Complete las frases

1 Mi familia _____.

2 Vamos a _____.

3 Yo quiero _____.

4 ¿Cuántos _____?

5 ¿Dónde están _____?

15. Forme preguntas

1 Mi abuelo está en casa.

¿_____?

2 Roberto tiene muchos amigos.

¿_____?

3 Sí, nuestro amigo está bien.

¿_____?

4 Voy al centro esta tarde.

¿_____?

5 No, no quiero ir a la clase el sábado.

¿_____?

16. Preguntas personales

Answer each question with a complete sentence.

1 ¿Cómo te llamas?

_____

2 ¿Tienes una familia grande?

_____

3 ¿Cuántos hermanos y hermanas tienes?

_____

4 ¿Cuántos primos tienes?

_____

5 ¿Quieres mucho a tus amigos?

_____

6 ¿Vas mucho a la casa de tus abuelos?

_____

7 ¿Cómo se llama tu abuela?

_____

8 ¿Trabajas mucho?

_____

9 ¿Adónde vas mañana?

_____

10 ¿A qué hora vas a la clase de español?

_____

Crucigrama

Complete the **crucigrama** as suggested by the cues, using vocabulary items from Lesson 3. Use all capital letters, without accent marks.

HORIZONTALES

2 If we own the tavern, it is _____ taberna.
4 To look for something.
7 Similar to *shirt* but associated more often with females.
10 Your father's brother is your _____.
12 What your mother and grandmother are and your father and grandfather can't be _____.
13 Your father's wife is your _____.
14 Half way through the day.
15 Two days after Friday.
16 The part of a plant that cannot be seen.
18 A celebration.
19 What you like to receive on your birthday.

VERTICALES

1 Relationship to you of a female child of your father.
3 Your aunt's son is your _____.
5 Where students often eat lunch.
6 Used for announcing important information.
8 Your mother's father is your _____.
9 Comprises seven days.
11 Means to go out or away.
15 Someone who is "hooked."
17 One's wife's mother.

Primer repaso

The concepts introduced in Lessons 1-3 are reviewed in the following items. The lesson in which the information is presented is given in parentheses with each item or set of items. If you have learned the concepts well, you will be able to complete each item. If you are not able to answer a particular item, you should go back to the lesson indicated and review that concept.

A *How would you greet the following persons if you met them on the street? Fill in the blanks with the appropriate form of* **estar.** *(1)*

1 your roommate   ¿Cómo _____ ?

2 your teacher   ¿Cómo _____ ?

3 the university president ¿Cómo _____ ?

4 a former high school friend ¿Cómo _____ ?

5 your friend's mother   ¿Cómo _____ ?

B *Give the correct form of the definite article. (1)*

1 _____ hombre	5 _____ médico	9 _____ televisión
2 _____ mujer	6 _____ jóvenes	10 _____ clases
3 _____ silla	7 _____ luces	11 _____ profesora
4 _____ libro	8 _____ zapatos	12 _____ papeles

C *Write out the numbers for each of the corresponding items. (1)*

1 12 men _____   5 17 persons _____

2 26 houses _____   6 21 pencils _____

3 10 students _____   7 15 tables _____

4 41 girls _____   8 1 book _____

D *Make questions to which the following statements would be appropriate answers. (1)*

1 Sí, la profesora está cansada. _____

2 El lápiz es de Luisa. _____

3 Mi libro está en la mesa. _____

4 Estudio por la tarde. (**tú**-form) _____

E *Supply the correct demonstrative adjective.* *(1)*

1 ¿Es de México _____ regalo? (*next to speaker*)

2 ¿Quieres _____ libro? (*next to person spoken to*)

3 ¿Hay muchos libros en _____ biblioteca? (*away from both parties*)

4 ¿Son portugueses _____ muchachos? (*the ones way over there*)

F *Give the appropriate form of* **estar** *or* **ser**. *(2)*

1 ¿Cómo _____ ustedes?

2 ¿Dónde _____ mi libro?

3 ¿Quién _____ tu compañero/a de cuarto?

4 Yo _____ muy cansado/a.

G *Complete the sentences according to the cues provided.* *(3)*

1 (*at 7:00 p.m. sharp*) Quiero salir _____.

2 (*it is 4:15 p.m.*) Ahora _____.

3 (*at 1:00 a.m.*) Vamos a regresar _____.

H *Write a personal* **a** *in the blank if it is required.* *(3)*

1 No quiero _____ estudiar esta tarde.

2 Queremos mucho _____ nuestra tía.

3 Tengo _____ tres hermanas.

I *Write how you would say the following:*

1 What does "lápiz" mean? *(1)* _____

2 My name is (*your name*). *(1)* _____

3 What's your name? (*Asked of a classmate*) *(1)* _____

4 I like my Spanish class. *(1)* _____

5 Do you (**tú**-form) like classical music? *(1)* _____

6 Where does she live? *(2)* _____

7 He is my friend. *(2)* _____

8 Where's my book? *(2)* _____

9 My dad is a doctor. *(2)* _____

10 Are you (**usted**) a Frenchman? *(2)* _____

11 My boyfriend is rich, handsome, and friendly! *(2)*

_____

12 Where are you (**tú**-form) going to study tonight? *(3)*

_____

13 Do you (**tú**-form) have to work tomorrow? *(3)*

_____

14 I'm going to the movies with my friends. *(3)*

_____

15 We always go to the park on Sundays. *(3)*

_____

J *Write complete answers to the following questions according to the cues.*

1 ¿Cuántas personas hay en tu familia? (4) *(1)*

_____

2 ¿Hablan ustedes francés en la clase de español? (no) *(2)*

_____

3 ¿Leen ustedes muchos libros? (sí) *(2)*

_____

4 ¿Habla bien el español el profesor/la profesora? (sí) *(2)*

_____

5 ¿Vienes a la clase tarde los lunes? (sí) *(3)*

_____

6 ¿Venís de España? (no) *(3)*

_____

7 ¿No tiene que ir a sus clases tu compañero/a de cuarto? (sí) *(3)*

_____

8 ¿Son de los profesores esos libros? (no) *(3)*

_____

9 ¿A qué hora vas a estudiar esta noche? (8 o'clock) *(3)*

_____

10 ¿Entiendes todas estas preguntas? (sí) *(3)*

_____

11 ¿Dónde prefieren comer tú y tus amigos? (restaurante) *(3)*

_____

12 ¿Queréis ir al cine con nosotros? (sí) *(3)*

_____

Listening Comprehension Exam

Lecciones 1–3

¿Verdadero o falso?

You will hear five sentences on the tape that are either true or false. If a sentence is true, circle V (verdadero). If it is false, circle F (falso).

1 V   F   2 V   F   3 V   F   4 V   F   5 V   F

¿Lógico o absurdo?

You will hear five pairs of statements or questions and answers. If the two are logically related, circle L (lógico). If they do not go together, circle A (absurdo).

1 L   A   2 L   A   3 L   A   4 L   A   5 L   A

Selección múltiple

You will hear 35 questions with three answer choices for each, only one of which is correct. Circle the letter (A, B, or C) of the correct choice.

1 A B C	8 A B C	15 A B C	22 A B C	29 A B C
2 A B C	9 A B C	16 A B C	23 A B C	30 A B C
3 A B C	10 A B C	17 A B C	24 A B C	31 A B C
4 A B C	11 A B C	18 A B C	25 A B C	32 A B C
5 A B C	12 A B C	19 A B C	26 A B C	33 A B C
6 A B C	13 A B C	20 A B C	27 A B C	34 A B C
7 A B C	14 A B C	21 A B C	28 A B C	35 A B C

Preguntas

You will hear five questions. Write an appropriate response to each one.

1 _____

_____

2 _____

_____

3 _____

_____

4 _____

_____

5 _____

_____

Lección cuatro

Cintas

¿Lógico o absurdo?

You will hear ten pairs of statements. If the two statements are logically related, circle **L** *(lógico). If they do not go together, circle* **A** *(absurdo).*

1 L A	3 L A	5 L A	7 L A	9 L A
2 L A	4 L A	6 L A	8 L A	10 L A

Notas culturales

You will hear the **notas**, *and then a series of statements. If a statement is true in terms of the* **nota**, *circle* **V** *(verda-dero). If it is false, circle* **F** *(falso).*

El sistema educativo

1 V F	2 V F	3 V F	4 V F	5 V F

La ciudad universitaria

1 V F	2 V F	3 V F	4 V F	5 V F

Planes para el futuro

1 V F	2 V F	3 V F	4 V F	5 V F

Lectura

You will hear the **lectura**, *and then a series of statements. If a statement is true according to the* **lectura**, *circle* **V** *(verdadero). If it is false, circle* **F** *(falso).*

1 V F	3 V F	5 V F	7 V F	9 V F
2 V F	4 V F	6 V F	8 V F	10 V F

Narración

You will hear the **narración,** *and then a series of statements. If a statement is true in terms of the* **narración,** *circle* **V** **(verdadero).** *If it is false, circle* **F (falso).**

1 V F	3 V F	5 V F	7 V F	9 V F
2 V F	4 V F	6 V F	8 V F	10 V F

Procesamiento de palabras

1. Verbos que cambian la raíz (e → i)

Fill in the blanks with the proper form of the verb in parentheses.

1 (seguir) Mi hermano __sigue__ la carrera de médico.

2 (pedir) Mis compañeros _____ clases difíciles.

3 (decir) ¿Qué _____ los estudiantes de esta clase?

4 (seguir) Nosotros no _____ esa carrera.

5 (decir) ¿Qué _____ tú de esta universidad?

6 (pedir) ¿Siempre _____ ustedes clases fáciles?

7 (decir) Yo no _____ esas cosas.

8 (repetir) ¿Por qué _____ ustedes las preguntas?

9 (servir) ¿Quién _____ la cena (*dinner*) en tu casa?

2. Conocer y saber

Select **conocer** *or* **saber** *and write the proper conjugated verb form in the blank.*

1 (yo) No __sé__ la lección.

2 Mis padres _____ España.

3 Nosotros _____ hablar español.

4 Nosotros _____ a todos en la clase.

5 ¿Cuántos de ustedes _____ mucho?

6 Yo no _____ a tu novia.

7 ¿ _____ tú la Argentina?

8 La profesora dice que nosotros _____ mucho.

9 ¿ _____ tu compañero que es importante estudiar?

10 ¿ _____ tú a mi familia?

3. Los complementos directos

Underline the direct objects in the following English sentences. Do not translate.

1 I love my grandmother.

2 I don't have a gift for her yet.

3 Do you need more money?

4 I going to buy her some sandals.

5 We're going to go and see her tomorrow.

4. Los pronombres usados como complementos directos

A *Rewrite each sentence, substituting the appropriate direct-object pronoun for the direct-object noun.*

1 Escuchamos la música.   <u>**La escuchamos.**</u>

2 Necesitamos tiempo.   _____

3 Conozco a Maricarmen.   _____

4 No sé la lección.   _____

5 Pido clases difíciles.   _____

6 Ven al profesor.   _____

7 Decís la verdad.   _____

B *Answer the following questions in the affirmative, substituting a direct-object pronoun for the direct-object noun.*

1 ¿Estudia Alicia su lección?

   <u>**Sí, la estudia.**</u>

2 ¿Vas a aprender español?

   <u>**Sí, voy a aprenderlo.**</u>   *or*   <u>**Sí, lo voy a aprender.**</u>

3 ¿Ramón escribe las cartas?

   _____

4 ¿Vas a leer el libro?

   _____

5 ¿Tienes el lápiz de Ramón?

   _____

6 ¿Leen ustedes libros de historia?

   _____

7 ¿Siempre pides dinero?

   _____

8 ¿Escribes las cartas ahora?

_____

9 ¿Van a comprar el regalo hoy?

_____

10 ¿Quieres mucho a tus abuelos?

_____

11 ¿Comienza tu compañero/a el trabajo hoy?

_____

12 ¿Ya tienes tus libros?

_____

C _Give the Spanish equivalent. (The direct-object pronouns in the sentences should agree with the cues given in parentheses.)_

1 We need it. (dinero) _____

2 I love you. (tú) _____

3 They don't study it. (lección) _____

4 We don't know her. _____

5 I can't speak it. (alemán) _____

6 She doesn't want to see me. _____

5. Los números cardinales de 50 a 1.000.000

Answer the following questions. Write out all numbers.

1 ¿Cuántos son 509 más 213? (722)

_____

2 ¿Cuántas personas hay en esta universidad? (10.459)

_____

_____

3 ¿Cuántas chicas hay en la universidad? (6.891)

_____

_____

4 ¿Cuántas páginas tiene ese libro? (258)

_____

_____

5 ¿Cuántas personas viven aquí? (1.238.405)

_____

_____

6 ¿Cuántos estudiantes aprenden español? (6.540)

_____

_____

6. Resumen

Fill in the blanks with an appropriate word (noun, verb form, etc.).

1 ¿Quién _____ a María?

2 No tengo su libro. Ella _____ tiene.

3 ¿Qué carrera _____ tú?

4 En esta universidad hay _____ estudiantes.

5 ¿ _____ clases difíciles?

6 Mi compañera de cuarto es muy simpática. ¿ _____ concoces?

7 Él es muy alto. ¿Cuánto _____ ?

8 ¿ _____ usted una carrera de matemáticas?

9 Ella dice que no _____ la dirección.

10 No pido materias difíciles porque no _____ quiero estudiar.

11 Ella quiere mucho a Roberto y va a _____ el sábado.

12 Hay _____ días en el mes de enero.

Expresión individual

7. Complete las frases

1 Sigo la carrera de _____.

2 Mido _____.

3 No sé si _____.

4 Conozco _____.

5 Yo no voy a estudiar la lección esta noche. ¿Vas a _____?

8. Forme preguntas

1 Sí, lo voy a visitar esta tarde.

¿_____?

2 No, no seguimos esa carrera.

¿_____?

3 No, no la veo todos los días.

¿_____?

4 Sí, lo conozco bien.

¿_____?

5 Mi compañero sigue la carrera de farmacéutico.

¿_____?

9. Preguntas personales

Answer each question with a complete sentence.

1 ¿Qué carrera quieres seguir?

_____

2 ¿Dónde trabajan los veterinarios?

_____

3 ¿Cuándo miras la televisión?

_____

4 ¿Prefieres estudiar por la noche o por la mañana?

_____

5 ¿A qué hora vas a la biblioteca?

_____

6 En tu opinión, ¿cuáles son algunas profesiones interesantes?

_____

7 ¿Ganan mucho dinero los ingenieros?

_____

8 ¿Cuánto quieres ganar tú?

_____

9 ¿Piensas trabajar los domingos en tu profesión futura?

_____

10 ¿Quieres conocer a la novia de tu compañero (al novio de tu compañera)?

_____

Vocabulario

Crucigrama

Complete the **crucigrama** as suggested by the cues, using vocabulary items from Lesson 4. Use all capital letters, without accent marks.

HORIZONTALES

1 Someone heard on the radio.
4 Science dealing with chemicals and their properties.
5 A place astronauts have visited.
8 What something is if it's not genuine.
9 A person who repairs automobiles.
10 Where one might go to leave on a trip.
11 The study of animals.
14 A word that means *place*.
15 End product of taking a picture.
16 One who dispenses drugs.

VERTICALES

2 The act of using computers.
3 Someone who takes care of the medical needs of animals.
6 To know (someone).
7 Science of matter and motion.
8 Opposite of *lazy*.
9 Opposite of *viejo*.
12 A vital organ.
13 A terminal degree.
17 Someone who specializes in sewing and dressmaking.
18 Degree sought by engineering students.

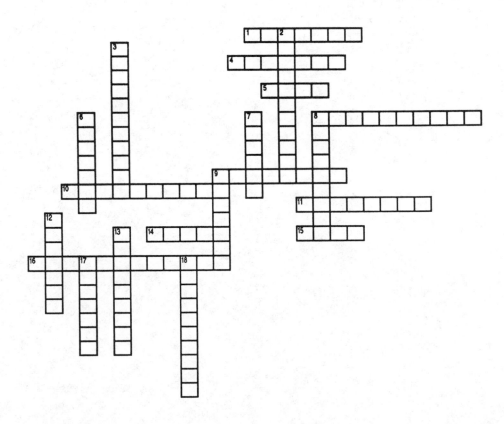

Lección cinco

Cintas

¿Lógico o absurdo?

You will hear ten pairs of statements. If the two statements are logically related, circle **L** *(lógico). If they do not go together, circle* **A** *(absurdo).*

1 L A   3 L A   5 L A   7 L A   9 L A

2 L A   4 L A   6 L A   8 L A   10 L A

Notas culturales

You will hear the **notas**, *and then a series of statements. If a statement is true in terms of the* **nota**, *circle* **V** *(verdadero). If it is false, circle* **F** *(falso).*

En Norteamérica

1 V   F   2 V   F   3 V   F

En Lationamérica

1 V   F   3 V   F   5 V   F   7 V F

2 V   F   4 V   F   6 V   F

Lectura

You will hear the **lectura**, *and then a series of statements. If a statement is true according to the* **lectura**, *circle* **V** *(verdadero). If it is false, circle* **F** *(falso).*

1 V   F   3 V   F   5 V   F   7 V   F

2 V   F   4 V   F   6 V   F   8 V   F

Narración

You will hear the **narración**, *and then a series of statements. If a statement is true in terms of the* **narración**, *circle* **V** (**verdadero**). *If it is false, circle* **F** (**falso**).

1 V F	3 V F	5 V F	7 V F	9 V F
2 V F	4 V F	6 V F	8 V F	10 V F

Procesamiento de palabras

1. Expresiones del tiempo, las estaciones, la fecha y los meses del año

A *Write answers in Spanish as suggested by the English cues.*

1 ¿Qué tiempo hace hoy? (*windy*)

_____

2 ¿Está húmedo hoy? (*no*)

_____

3 ¿Hace frío en el invierno donde vives? (*yes*)

_____

4 ¿Cuándo hace mucho sol? (*August*)

_____

5 ¿Está nublado hoy? (*no*)

_____

6 ¿En qué meses llueve mucho? (*June and July*)

_____

7 ¿Dónde hay nieve en Chile? (*in Portillo*)

_____

8 ¿Hace mucho sol hoy? (*yes*)

_____

9 ¿Qué temperatura hay? (*20 degrees*)

_____

10 ¿Cuándo hace buen tiempo? (*in the spring*)

_____

B *Write the Spanish equivalent.*

1 What's the weather like in September?

 <u>¿Qué tiempo hace en septiembre?</u>

2 Is it overcast today?

_____

3 It's very cool today.

_____

4 In what season is the weather hot?

_____

5 Is it very hot in April?

_____

6 It's bad weather today.

_____

7 Do you (**tú**) like to ski in the winter?

_____

8 I don't like it when it's windy.

_____

9 What's the weather like in the spring?

_____

10 It's always cold in January.

_____

11 Is it cool today?

_____

12 Does it snow a lot in the winter in Colorado?

_____

13 What is today's date?

_____

14 Today is the twentieth of May.

_____

15 What day of the month is it today?

_____

16 The temperature in Portillo is 10 degrees centigrade.

_____

2. Verbos que cambian la raíz (o → ue)

Fill in the blanks with the proper form of the verb in parentheses.

1 (poder) Yo no __**puedo**__ comer ahora.

2 (llover) ¿_____ mucho en Hawaii?

3 (dormir) Mi compañero/a de cuarto no _____ mucho.

4 (costar) Un viaje a España _____ mucho.

5 (poder) ¿_____ ustedes ir a la fiesta?

6 (volver) Mis amigos no _____ hoy.

3. Los pronombres usados como complementos indirectos

A _Underline the indirect object in the following English sentences. Do not translate._

1 Will you lend **me** your book?

2 I gave Jason twenty dollars.

3 Send her my address, please.

4 Write us when you can.

5 We gave him the gift.

B _Fill in each blank with the appropriate indirect-object pronoun._

1 A él __**le**__ escriben muchas cartas.

2 A mí _____ escriben muchas cartas.

3 ¿Usted _____ presta unos libros a sus amigos?

4 Él _____ presta un lápiz a nosotros.

5 ¿Tú _____ escribes una carta a tu hermano?

6 Él quiere hablar-_____ a sus padres.

C _Underline the indirect object in each sentence. Then, rewrite the sentence, substituting the appropriate indirect-object pronoun for the indirect-object noun._

1 Presto el sobretodo a <u>mi amigo</u>.

   __**Le presto el sobretodo.**__

2 ¿Escribes cartas a tu novia/o?

_____

3 Hablamos a nuestros padres todos los días.

_____

4 No quiero escribir a mi tía.

_____

5 Mi novia no quiere hablar a mis amigos.

_____

D *Answer the questions according to the cues, using indirect-object pronouns.*

1 ¿Quieres hablarle al profesor? (Sí)

_____

2 ¿Quién te presta un lápiz? (Marta)

_____

3 ¿Te escribe mucho a ti tu abuela? (No)

_____

4 ¿Cuándo le escribes a tu novio/a? (los domingos)

_____

5 ¿Cuándo te escribe él/ella? (los miércoles)

_____

E *Give the Spanish equivalent.*

1 She wants to talk to me.

_____

2 Do you write him every Sunday?

_____

3 When my roommate doesn't have a overcoat, I lend her/him one.

_____

4 My uncle doesn't buy us gifts.

_____

4. Los pronombres usados como objetos de preposición

Fill in each blank with the prepositional-object pronoun suggested by the English cue.

1 (*her*) A __**ella**__ le dicen la verdad.

2 (*him*) Los padres lo hacen para _____ .

3 (*them*, all feminine) Queremos hablarles a _____ .

4 (*us*, mixed group) Nos escriben una carta a _____ .

5 (*you*, singular formal) Sus amigos le compran esos regalos a _____ .

6 (*me*) Mañana ella va con-_____ .

5. Los complementos indirectos y directos usados en secuencia

A *Rewrite the sentences, substituting an appropriate direct-object pronoun for the underlined words.*

1 Martín me presta su coche.

   Martín me lo presta.

2 Te presto los libros.

_____

3 Mi novio me escribe las cartas.

_____

4 ¿Quién le compra ese sobretodo?

_____

5 Ellos nos prestan la ropa.

_____

6 Le mando las postales mañana.

_____

7 El banco no me presta dinero.

_____

8 Tienes que prestarme la falda.

_____

9 ¿Quieres prestarme tu libro?

_____

10 Él siempre le compra regalos a su novia.

_____

B *Write answers to the following questions using indirect- and direct-object pronouns in sequence.*

1 ¿Me prestas el coche hoy?

   Sí, te lo presto hoy.

2 ¿Nos mandas las cartas?

_____

3 ¿Les compramos las blusas ahora a ellas?

_____

4 ¿Quién te presta el sobretodo. (Alberto)

_____

5 ¿Me compras ese regalo, por favor?

_____

6 ¿Queremos prestarle dinero a Alfredo?

_____

7 ¿Me compras estos pantalones?

_____

8 ¿Nos prestan ustedes los libros?

_____

9 ¿Puedes darme los papeles?

_____

10 ¿Cuándo le vas a mandar el regalo a tu novio/a? (mañana)

_____

6. El verbo dar

A *Supply the correct present-tense form of* **dar**.

1 Yo no le __**doy**__ un regalo a mi novia.

2 Jorge le _____ su libro a Alfredo.

3 ¿Me _____ usted más tiempo?

4 Ellos no nos _____ dinero.

5 ¿Qué le _____ (**tú**) a tu novio/a?

B *Answer using object pronouns when appropriate.*

1 ¿Les das dinero a tus hermanos? (Sí)

_____

2 ¿Qué te dan tus padres? (un regalo)

_____

3 ¿Cuándo les dan ustedes dinero a los pobres? (en diciembre)

_____

4 ¿Qué te da tu novio/a para tu cumpleaños? (besos)

_____

7. *Construcciones de complementos indirectos con* gustar, parecer *y* faltar

A *Rewrite the sentence, changing as necessary to accommodate the substituted words.*

A mí me gusta el clima de aquí.

1 A ella _____ .

2 _____ estos libros.

3 A nosotros _____ .

4 _____ el frío.

5 A ti _____ .

6 A Gloria y a Anabel no _____ .

B *Write questions for the answers given below. (Use the* **tú**-*form for "you.")*

1 No, no me falta dinero.

_____

2 Sí, a mis hermanas les gusta esquiar.

_____

3 Sí, me parece que va a nevar.

_____

4 Sí, me parece muy buena la clase.

_____

5 No, no nos falta tiempo.

_____

C *Write the Spanish equivalent.*

1 I like this school.

   Me gusta esta escuela.

2 I like it, too. (school)

_____

3 We need (lack) books.

_____

4 The climate seems cold to her.

_____

5 We don't like to buy gifts.

_____

6 He needs friends, not money.

_____

8. *Expresiones con* tener

Write the Spanish equivalent.

1 I'm sleepy.

   Tengo sueño.

2 I'm afraid.

_____

3 I'm in a hurry.

_____

4 I'm jealous.

_____

5 I'm right.

_____

6 I'm thirsty.

_____

7 I'm 25 years old.

_____

8 I'm hungry.

9. *Resumen*

Choose the correct response and write it in the blank.

1 Mi compañero de cuarto no quiere prestar-_____ su sobretodo.

  a) me   b) lo   c) mí

2 ¿Qué tiempo hace hoy? _____

  a) Hoy es lunes.   b) Son las tres y media.   c) Está fresco.

3 ¿Qué te parece ese libro? _____

  a) Me gusta mucho.   b) Sí, me parece.   c) Mi libro es nuevo.

4 Mis padres no me escriben a _____ .

    a) mí   b) mi   c) yo

5 Él es joven. _____ 11 años.

    a) Es   b) Tiene   c) Está

6 ¿ _____ escribes mucho a tus padres?

    a) Nos   b) Ellos   c) Les

7 ¿Tienes _____ en la clase?

    a) miedo   b) sol   c) fresco

8 ¿A cuántos estamos hoy? _____

    a) Estamos muy bien, gracias.   b) Hoy es el trece.   c) Ellos no están hoy.

9 ¿Le das regalos a tus amigos? _____

    a) Sí, se los doy para su cumpleaños.   b) Sí, me los doy para mi cumpleaños.   c) Sí, se los das para su cumpleaños.

10 A nosotros _____ dinero.

    a) les falta   b) nos faltan   c) nos falta

Expresión individual

10. Complete las frases

1 ¿Cuántos años _____ ?

2 Hace frío _____ .

3 A mí _____ .

4 Tengo _____ .

5 Me _____ .

11. Forme preguntas

1 Sí, me gusta el clima de aquí.

    ¿_____ ?

2 Hay nieve en el invierno.

    ¿_____ ?

3 Tengo diecinueve años.

    ¿_____ ?

4 Mi cumpleaños es en el mes de mayo.

¿_____?

5 No, no me gusta cuando hace calor.

¿_____?

12. Preguntas personales

Answer each question with a complete sentence.

1 ¿Tienes sed?

_____

2 ¿Qué te parece el tiempo de aquí?

_____

3 ¿A ti te gusta cuando está fresco?

_____

4 ¿Quieres prestarle cinco dólares a tu compañero/a de cuarto?

_____

5 ¿Qué tiempo hace cuando está nublado?

_____

6 ¿A qué temperatura hierve el agua?

_____

7 ¿Le escribes una carta a tu familia todas las semanas?

_____

8 ¿Va tu novio/a contigo al cine?

_____

9 ¿Qué les das a tus amigos para su cumpleaños?

_____

10 ¿Por qué tenemos frío en el invierno?

_____

11 ¿A cuántos estamos hoy?

_____

12 ¿Qué te falta a ti?

_____

13 ¿Qué te parecen tus clases este año?

_____

14 ¿Hace frío en julio?

_____

15 ¿Hace calor ahora?

_____

16 ¿Te gusta esquiar?

_____

17 ¿Qué estación te gusta más?

_____

18 ¿A ti y a tus compañeros/as les gusta bailar?

_____

Vocabulario

Crucigrama

Complete the **crucigrama** *as suggested by the cues, using vocabulary items from Lesson 5. Use all capital letters, without accent marks.*

HORIZONTALES

6 Used to measure the temperature.
8 Synonym for **bonita**.
10 They brighten the countryside in the spring.
11 What water does during cold winters.
16 In many places four of these occur in one year.
17 Worn on one's hands.
18 Where a basketball game is played.
19 What one should do when one owes a debt.

VERTICALES

1 Worn out-of-doors during cold weather.
2 How the weather feels during the rainy season.
3 Opposite of **frío**.
4 Used for sending short messages.
5 Opposite of **ir**.
7 A very colorful insect.
9 Falls in the winter.
10 Not too hot, not too cold.
12 Waters the countryside in the spring.
13 Where your eyes and nose are located.
14 What sunbathers love to see while on the beach.
15 What water does if it gets very hot.

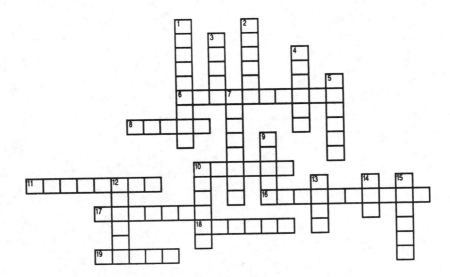

Lección seis

Cintas

¿Lógico o absurdo?

You will hear ten pairs of statements. If the two statements are logically related, circle **L** *(lógico). If they do not go together, circle* **A** *(absurdo).*

1 L A   3 L A   5 L A   7 L A   9 L A

2 L A   4 L A   6 L A   8 L A   10 L A

Notas culturales

You will hear the **notas,** *and then a series of statements. If a statement is true in terms of the* **nota,** *circle* **V** *(verdadero). If it is false, circle* **F** *(falso).*

Al mediodía

1 V F   2 V F   3 V F   4 V F   5 V F

En la noche

1 V F   2 V F   3 V F   4 V F   5 V F

Las comidas

1 V F   2 V F   3 V F   4 V F   5 V F

Lectura

You will hear the **lectura,** *and then a series of statements. If a statement is true according to the* **lectura,** *circle* **V** *(verdadero). If it is false, circle* **F** *(falso).*

1 V F   3 V F   5 V F   7 V F

2 V F   4 V F   6 V F   8 V F

Narración

1 V F   3 V F   5 V F   7 V F   9 V F

2 V F   4 V F   6 V F   8 V F   10 V F

Procesamiento de palabras

1. La construcción reflexiva

A *Write in the blank the reflexive pronoun that corresponds to each verb form.*

1 __me__ afeito

2 _____ lavamos

3 _____ sientan

4 _____ levantas

5 _____ acuesta

6 _____ preocupan

7 _____ vistes

8 _____ sentamos

9 _____ despierto

10 _____ afeitas

B *Fill in the blanks with the proper form of the verb as indicated by the cues.*

1 (levantarse) Mi hermano __se levanta__ a las siete.

2 (lavarse, yo) _____ las manos.

3 (acostarse, nosotros) _____ antes de las once.

4 (afeitarse, ellos) _____ rápido.

5 (sentarse, tú) _____ en el parque.

6 (vestirse, yo) Siempre _____ antes de desayunar.

7 (despertarse) Enrique _____ temprano.

8 (divertirse) Mis amigas _____ en el parque.

C *Give the Spanish equivalent of the following sentences.*

1 I go to bed at 11:00 p.m.

_____

2 I get dressed fast.

_____

3 We always sit here.

Nosotras siempre sentamos aquí

4 Do you wash your hands before eating?

¿ Té lavas ~~tas~~ las menos antes de comer ?

5 My dad shaves before eating breakfast.

Mi padre se ~~afeit~~ afeita antes de desayunar ?

D *Answer the following questions according to the cues.*

1 ¿A qué hora se levanta tu compañero/a de cuarto? (a las seis)

mi compañero a de cuarto se levanta a las seis.

2 ¿Te vistes antes de desayunar? (sí)

Sí, me visto antes de desayunar.

3 ¿Quién se levanta más temprano, tú o tu compañero/a? (yo)

me levanto más temprano.

4 ¿A qué hora se acuestan tú y tus compañeros/as? (a las doce)

Nos acostamos a las doce que mi compañeras.

5 ¿A qué hora te despiertas los sábados? (a las diez)

me despierto a las diez.

2. El presente con el gerundio

Fill in the blanks with the proper form of the verb.

1 (hablar) Los estudiantes están __**hablando**__ en la clase.

2 (aprender) Estoy ___aprendiendo___ esta lección rápido.

3 (leer) ¿Qué libro estás _leyendo_ ?

4 (cantar) Emilio está ___cantando___ con ellas.

5 (poner) ¿Por qué estás _poniendo_ el libro en la mesa?

6 (estudiar) Mis compañeros no están _estudiando_ ahora.

7 (escribir) Le estoy _escribiendo_ la carta a mi amigo.

8 (trabajar) Estamos _trabajando_ en las primeras páginas del libro.

9 (dormir) Mi compañera está _durmiendo_ todavía (*still*).

10 (comer) ¿Estáis _comiendo_ esas tapas?

3. Posición de pronombres reflexivos y complementos con el gerundio

A Rewrite the following sentences using the present participle.

1 Le hablo a Elena.   __Estoy hablándole a Elena.__   or   __Le estoy hablando a Elena.__

2 Me afeito ahora. _Me Estoy ~~a~~ afeitando_

3 Se viste ahora. _se ~~ti~~ está ~~vistiendo~~ vistiendo ahora_

4 La estudio ahora. _Estoy estudiándola ahora   or   La estoy estudiando ahora._

5 Me baño ahora. _Estoy bañándome ahora or Me estoy bañando ahora._

6 Me lavo las manos. _Estoy lavándome las manos. or Me estoy lavando las menos_

7 Les escribo la carta. _Estoy escribiéndoles... or Les estoy escribiendo..._

B Write complete sentences using the appropriate forms of the following words and supplying others as necessary.

1 nosotros – estar – hablar – lo – bien

__Nosotros estamos hablándolo muy bien ahora.__   or   __Lo estamos hablando muy bien ahora.__

2 yo – estar – escribir – la

Yo la estoy escribiendo   or   Yo estoy escribiéndola.

3 mi compañero/a – estar – lavarse – manos

Mi compañera está ~~lavarse~~ lavándose las manos. Ella se está lavando

4 esa –estudiante – estar – comer – los

Esa estudiante está comiéndolos. Ella los está comiendo.

5 Ramón – estar – ponerse – sobretodo

Ramón está poniéndose el sobretodo.

6 mi amigo – estar – cantar – el coro (choir)

Mi amigo está cantando en el coro.

4. Verbos que cambian la raíz (o → ue) – repaso

Fill in the blanks with the proper form of the cue.

1 (dormir, yo) Siempre __duermo__ ocho horas.

2 (dormir, nosotros) No _dormimos_ en esa clase.

3 (poder, ellos) _Ellos pueden_ saber más si estudian.

4 (poder) Elena y yo _~~pod~~ podemos_ ir a España.

5 (almorzar) Mi compañero/a no _almuerza_ al mediodía.

6 (volver) Si tú no _vuelves_, no _volvemos_
nosotros.

7 (poder/ir) ¿ __Pueden__ __ir__ ustedes ahora?

8 (almorzar) ¿A qué hora __almuerzan__ ustedes?

9 (morir) Hay muchos que __mueren__ en las calles.

10 (encontrar) ¿Dónde __encuentran__ ustedes esas respuestas (*answers*)?

5. Repaso de complementos directos e indirectos

A *Rewrite the following sentences, replacing the direct object with the appropriate form of the direct-object pronoun.*

1 Leo el libro. __Lo leo.__

2 Compro el regalo. __Lo compro.__

3 Veo a la señorita. __La veo.__

4 Tengo el lápiz. __Lo tengo.__

5 Estoy escribiendo la lección. __La estoy escribiendo__

6 Estamos aprendiendo español. __Lo estamos aprendiendo__

B *Insert the appropriate indirect-object pronoun.*

1 __Le__ doy el libro. (a Juan)

2 __nos__ gusta mucho el español. (a nosotros)

3 __me__ prestan los libros. (a mí)

4 __les__ damos dinero. (a los pobres)

5 Mi mamá __le__ escribe muchas cartas. (a papá)

6 Siempre __les__ hablo en español. (a mis hermanos)

6. Resumen

A *Choose the correct response and write it in the blank.*

1 ¿Conoces ese libro? Sí, __lo__ estoy leyendo ahora.

  a) le   b) lo   c) se

2 ¿Quieren ustedes comprar-__le__ un regalo?

  a) lo   b) los   c) le

3 ¿Me prestas esta falda? No, no __te la__ presto.

  a) te lo   b) me la   c) te la

4 ¿A qué hora se levantan ustedes? __nos levantamos__ a las seis.

  a) Nos levantamos   b) Nos levantan   c) Se levantan

5 Parece que ella ___se siente___ enferma.

    a) se siente   b) lo siento   c) se sienta

6 ¿ ___Vas a bañarte___ ahora o esta noche tu compañero/a?

    a) Te bañas   (b) Va a bañarse   c) Vas a bañarte

7 ¿Tú y tus amigos ___se despiertan___ temprano los sábados?

    a) despertarse   b) te despiertas   c) se despiertan

B *For each sentence, write in the correct form of the present participle of the verb indicated.*

1 (dormir) ¿Esta ___durmiendo___ tu compañero/a de cuarto ahora?

2 (leer) ¿Qué estás ___leyendo___?

3 (comer) ¡No estamos ___comiendo___ nada!

4 (vestirse) Mi compañero está ___vistiéndose___ ahora.

5 (lavarse) Los niños están ___lavándose___ en el cuarto de baño.

Expresión individual

7. Complete las frases

1 ¿Se lava _____?

2 Usted tiene que _____.

3 ¿Qué haces _____?

4 Voy a _____.

5 ¿Tenemos que _____?

8. Forme preguntas

1 Me levanto a las seis.

    ¿_____?

2 Sí, las muchachas se visten rápido.

    ¿_____?

3 Estoy escribiéndole una carta.

    ¿_____?

4 Después de levantarme, me baño.

    ¿_____?

5 Descanso todos los días.

¿_____?

9. Preguntas personales

Answer each question with a complete sentence.

1 ¿A qué hora te levantas?

_____

2 ¿Tienes que afeitarte todos los días?

_____

3 ¿Cuándo tienes que volver a casa?

_____

4 ¿Cuándo te bañas?

_____

5 ¿Qué estás leyendo ahora?

_____

6 ¿Se levantan ustedes tarde los sábados?

_____

7 ¿Se duerme el profesor/la profesora en la clase?

_____

8 ¿Te vistes muy rápido los días de clase?

_____

9 ¿Qué están aprendiendo ustedes ahora?

_____

10 ¿Te despiertas temprano los domingos?

_____

11 ¿Está leyendo el periódico tu compañero/a?

_____

12 ¿Quieren ustedes estudiar portugués también?

_____

13 ¿Puedes levantarte tarde los lunes?

_____

14 ¿Tienes que lavarte las manos antes de desayunar?

_____

15 ¿A qué hora se levantan tus compañeros/as de cuarto?

_____

Vocabulario

Crucigrama

Complete the **crucigrama** as suggested by the cues, using vocabulary items from Lesson 6. Use all capital letters, without accent marks.

HORIZONTALES

7 Where one reads the news of the day.
8 Occasion accompanied by joy and tears.
10 What one hopes to do when he or she goes out for the evening.
12 Celebrated in December.
14 Opposite of **algo**.
17 What one has to do if he or she is behind schedule.
18 An event that has cost many lives.

VERTICALES

1 To eat the morning meal.
2 Opposite of **tarde**.
3 Opposite of **rápido**.
4 A period of time that lasts forever.
5 What one does with a musical instrument.
6 Taken when ill.
7 A sport particularly popular in the summer.
9 What the bride and groom do at a wedding.
11 Where one would take a bath.
13 Opposite of **encontrar**.
15 Generally worn by men to church.
16 The woman in charge.
19 Exchanged during the wedding ceremony.

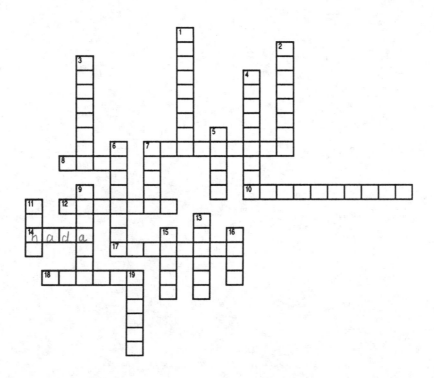

Segundo repaso

The concepts introduced in Lessons 4-6 are reviewed in the following items. The lesson in which the information is presented is given in parentheses with each item or set of items. If you have learned the concepts well, you will be able to complete each item. If you are not able to answer a particular item, you should go back to the lesson indicated and review that concept.

A *Write the appropriate form of* **conocer** *or* **saber** *as required. (4)*

1 Ellos no _____ mi dirección.

2 Yo no _____ a esa profesora.

3 Mi compañero/a de cuarto _____ mucho.

4 ¿_____ tú a mi novio?

B *Answer the following questions according to the cues, using direct-object pronouns in place of the direct-object nouns. (4)*

1 ¿Cuándo vas a estudiar la lección? (esta noche)

_____

2 ¿Dónde tienes tu libro de español? (en casa)

_____

3 ¿Necesitas el dinero ahora? (no)

_____

C *Fill in the blank with the appropriate indirect-object pronoun. (5)*

1 A mí no _____ da mucho dinero.

2 Susana no quiere prestar-_____ su libro al profesor.

3 A ti _____ escribo la carta mañana.

4 Ellos _____ pagan el dinero a nosotros más tarde.

D *Write in the corresponding reflexive pronoun for each verb form. (6)*

1 _____ levanto

2 _____ afeitamos

3 _____ vistes

4 _____ acostáis

5 _____ despiertas

6 _____ sientan

E *Fill in the blank with the proper present participle form of the verb. (6)*

1 (hacer) ¿Qué estás _____ ahora?

2 (escribir) Estoy _____ una carta a mi novio.

3 (dormir) ¿Está _____ el profesor todavía (*still*)?

F *Write how you would say the following:*

1 How's the weather today? *(5)*

_____

2 It's not cold. It's windy. *(5)*

_____

3 What's the date today? *(5)*

_____

4 It's the twenty-first of January. *(5)*

_____

5 I'm not going to buy you (**tú**-form) a gift. *(5)*

_____

6 Do you (**tú**-form) like the climate here? *(5)*

_____

7 The climate here seems very cold! *(5)*

_____

8 I'm in a big hurry. *(5)*

_____

9 You're (**tú**-form) right. *(5)*

_____

10 How old are you (**tú**-form)? *(5)*

_____

11 I'm going to bed at 10 o'clock tonight. *(6)*

_____

12 Don't you (**tú**) wash your hands first? *(6)*

_____

G *Write complete answers to the following questions according to the cues. Where appropriate use direct- and indirect-object pronouns in place of direct- and indirect-object nouns.*

1 ¿A qué hora sirven ustedes la cena (*dinner*)? (7:00) *(4)*

_____

2 ¿Necesitas el libro ahora? (no) *(4)*

_____

3 ¿Cuándo vas a estudiar la lección? (el sábado) *(4)*

_____

4 ¿Cúantas páginas tiene este libro? (521) *(4)*

_____

5 ¿Qué carrera sigues? (ingeniería) *(4)*

_____

6 ¿Puedes ir al cine con nosotros? (no) *(5)*

_____

7 ¿En qué mes llueve mucho aquí? (marzo) *(5)*

_____

8 ¿Quieres hablarle al profesor/a la profesora después de la clase? (no) *(5)*

_____

9 ¿Le escribes mucho a tu novio/a? (sí) *(5)*

_____

10 ¿Me puedes prestar un coche? (no) *(5)*

_____

11 ¿Qué te dan tus padres para tu cumpleaños? (dinero) *(5)*

_____

12 ¿Qué te parece la clase de español? (muy buena) *(5)*

_____

13 ¿Tienes sueño ahora? (sí) *(5)*

_____

14 Cuándo necesitas un sobretodo, ¿quién te lo presta? (mi compañero/a de cuarto) *(6)*

_____

15 ¿Le vas a dar ese regalo a tu novio/a? (sí) *(6)*

_____

16 ¿Te bañas antes de vestirte por la mañana? (sí) *(6)*

_____

17 ¿A qué hora almuerzas? (12:30) *(6)*

_____

18 ¿Mueren muchas personas en accidentes? (sí, demasiadas) *(6)*

_____

Listening Comprehension Exam

Lecciones 4−6

¿Verdadero o falso?

You will hear five sentences on the tape that are either true or false. If a sentence is true, circle V (verdadero). If it is false, circle F (falso).

1 V F   2 V F   3 V F   4 V F   5 V F

¿Lógico o absurdo?

You will hear five pairs of statements or questions and answers. If the two are logically related, circle L (lógico). If they do not go together, circle A (absurdo).

1 L A   2 L A   3 L A   4 L A   5 L A

Selección múltiple

You will hear 35 questions with three answer choices for each, only one of which is correct. Circle the letter (A, B, or C) of the correct choice.

1 A B C	8 A B C	15 A B C	22 A B C	29 A B C
2 A B C	9 A B C	16 A B C	23 A B C	30 A B C
3 A B C	10 A B C	17 A B C	24 A B C	31 A B C
4 A B C	11 A B C	18 A B C	25 A B C	32 A B C
5 A B C	12 A B C	19 A B C	26 A B C	33 A B C
6 A B C	13 A B C	20 A B C	27 A B C	34 A B C
7 A B C	14 A B C	21 A B C	28 A B C	35 A B C

Preguntas

You will hear five questions. Write an appropriate response to each one.

1 _____

_____

2 _____

_____

3 _____

_____

4 _____

_____

5 _____

_____

Lección siete

Cintas

¿Lógico o absurdo?

*You will hear ten pairs of statements. If the two statements are logically related, circle **L** (lógico). If they do not go together, circle **A** (absurdo).*

1 L A	3 L A	5 L A	7 L A	9 L A
2 L A	4 L A	6 L A	8 L A	10 L A

Notas culturales

*You will hear the **notas**, and then a series of statements. If a statement is true in terms of the **nota**, circle **V** (verdadero). If it is false, circle **F** (falso).*

El sastre y la modista

1 V F	2 V F	3 V F	4 V F

El modo de vestir de los estudiantes hispánicos

1 V F	2 V F	3 V F

La forma de vestir de los deportistas

1 V F	2 V F	3 V F

Lectura

*You will hear the **lectura**, and then a series of statements. If a statement is true according to the **lectura**, circle **V** (verdadero). If it is false, circle **F** (falso).*

1 V F	3 V F	5 V F	7 V F	9 V F
2 V F	4 V F	6 V F	8 V F	10 V F

Narración

You will hear the **narración,** *and then a series of statements. If a statement is true in terms of the* **narración,** *circle* **V** *(verdadero).* *If it is false, circle* **F** *(falso).*

1 V   F   3 V   F   5 V   F   7 V   F   9 V   F

2 V   F   4 V   F   6 V   F   8 V   F   10 V   F

Procesamiento de palabras

---

1. El presente de subjuntivo – verbos regulares

Write the present-subjunctive forms of the verbs listed as indicated by the cues.

1 (vivir, él) ___viva___

2 (trabajar, yo) ? ___trabajo___

3 (escribir, ellos) ___escriban___

4 (comer, nosotros) ___comamos___

5 (cantar, ella) ___cante___

6 (aprender, tú) ___aprendas___

7 (comprar, ustedes) ___compren___

8 (permitir, ellas) ___permitan___

9 (escuchar, usted) ___escuche___

10 (entrar, vosotros) ___entráis___

2. El subjuntivo en cláusulas sustantivas

A *Using the present subjunctive, form a single sentence from the parts given.*

1 Ellos compran comida (*food*) para la fiesta. Quiero que . . .

   __Quiero que compren comida para la fiesta.__

2 Isabel lleva sandalias. Su mamá no quiere que . . .

   Su mamá no quiere que lleve sandalias.

3 Mi hermano vive conmigo. Mis amigos dudan que . . .

   Mis amigos dudan que viva conmigo.

4 Los estudiantes entran ahora. Les pido que . . .

   Les pido que estren ahora.

5 Mi compañero no canta con nosotros. Sentimos que . . .

Sentimos que no cante con nosotros.

6 Mi papá se preocupa mucho. Prefiero que no . . .

Prefiero que no se preocupe mucho.

7 Mis compañeros escuchan la radio toda la noche. Siento que . . .

Siento que escuchen la radio toda la noche.

8 Me baño por la mañana. Mis compañeros insisten en que . . .

Mis compañeros insisten en que baño por la mañana.

B *Write that you want the following people to do the things indicated.*

1 Manuel – levantarse más temprano

Quiero que Manuel se levante más temprano.

2 Cristina – estudiar la lección

Quiero que Cristina estudie la lección.

3 ellos – llamar a la policía

Quiero que ellos llamen a la policía.

4 los estudiantes – hablar español en la clase

Quiero que los estudiantes hablen español en la clase.

5 Alberto – leer ese libro

Quiero que Alberto lea ese libro.

6 mis amigos – comprarme un regalo

Quiero que mis amigos me compren un regalo.

7 mi novia – llevar jeans

Quiero que mi novia lleve jeans.

C *Give the Spanish equivalent of the following.*

1 I want you (**tú**-form) to sell my car.

Yo quiero tú vendas mi coche.

2 The professor wants us to speak Spanish.

El profesor quiera que hablemos español.

? **3** Do you (**tú**-form) want me to write to you?

¿Quieras que yo te escribia?

4 She doesn't want me to work today.

Ella no quiere que yo trabaje hoy.

5 Don't you (**usted**) want us to listen to the radio?

2609

3. El presente de subjuntivo de algunos verbos irregulares

A Complete the sentence using the appropriate present-subjunctive form of the verb indicated.

1 (venir) Insistimos en que ellos __**vengan**__ a la clase.

2 (decir) Quiero que usted me ~~dea~~ diga todo.

3 (venir) Teresa duda que su novio venga temprano.

4 (hacer) ¿Quiere usted que yo haga la tarea en clase?

5 (ponerse) Quiero que tú no te ponga esas sandalias.

6 (traer) Dudamos que ellos traiga comida (food) para todos.

B Unscramble the following sentences and rewrite them so that they make sense. Then give the English equivalent.

1 verdad digan me quiero que la .

____**Quiero que me digan la verdad.**____

____**I want them to tell me the truth.**____

2 ¿ de clase usted salgamos que espera temprano ?

¿Usted espera que salgamos temprano de clase?
Do you hope that we'll leave class early?

3 ¿ qué ustedes hagamos quieren que ahora ?

¿Qué ustedes quieren que hagamos ahora?
What do you wish us to do now?

4 la ella me que dudo acompañe fiesta a .

~~Me~~ dudo que ella me acompañe a la fiesta.
I doubt that she will accompany me to the party.

5 dinero novia tenga mi siente no yo que más .

mi novia siente que yo no tenga más dinero.
My girlfriend regrets that I don't have more money.

90 LECCIÓN SIETE

6 estudiemos noche profesores que día y insisten los en .

los profesores insisten ~~en~~ que estudiemos ~~en~~ día y noche.
The teachers insist that we study day and night.

4. Pedir, preguntar y hacer preguntas

to ask for   to ask   to ask a question.

Fill in the blanks with the correct form of **pedir,** **preguntar,** *or* **hacer preguntas** *as the context requires.*

1 ¿Le puedo __**pedir**__ un favor?

2 Le quiero _preguntar_ algo a la profesora acerca de (*about*) la gramática.

3 El profesor siempre nos _hace preguntas_ muy difíciles.

4 ¿Alguien (*Someone*) te _~~pedes~~_ dinero? (*pide*)

5 Le voy a _____ a mi compañera si quiere algo.

6 Mis amigos no me _~~preguntan~~_ favores (*favors*).

7 Les vamos a _____ que traigan un regalo.

8 ¿Quiénes _____ en la clase?

9 ¿Les quieres _____ si conocen a nuestros padres?

10 Mi novia siempre me _____ que le compre algo.

5. Formas imperativas de usted y ustedes

A *Write answers to the following questions using affirmative* **usted**-*commands.*

1 ¿Compro esos jeans?

   __**Sí, compre esos jeans.**__

2 ¿Digo la verdad?

   Sí, diga la verdad.

3 ¿Salgo ahora?

   Sí, salga ahora.

4 ¿Vengo mañana?

   Sí, venga mañana.

5 ¿Vuelvo más tarde?

   Sí, vuelva más tarde.

6 ¿Voy con ellos?

   Sí, vaya con ellos

B *Write Spanish equivalents of the following commands.*

1 Write the letter today. (**usted**)

   Escriba la carta hoy.

2 Speak Spanish, please. (**ustedes**)

   Hablen español, por favor.

3 Study the lesson tonight. (**ustedes**)

   Estudien la lacción esta noche.

4 Bring your book to class. (**usted**)

   Traiga su libro a la clase.   Traer = to bring

5 Don't sleep in class. (**usted**)

   Usted no duerma en la clase   Dormir (ue) = sleep

6 Don't put those sandals on the table. (**usted**)

   No ponga esas sandalias en la mesa. Poner = to put

6. Colocación de complementos con mandatos

A *Write answers to the following questions, first using an affirmative* **usted**-*command and then using a negative* **usted**-*command.*

1 ¿Le doy el libro a Francisco?

   Sí, déselo.

   No, no se lo dé.

2 ¿Le doy los trajes a él?

   Sí,

   No,

3 ¿Le presto el vestido a María?

   _____

   _____

4 ¿Le traigo a usted las camisas mañana?

   _____

   _____

5 ¿Le escribo la carta a ella hoy?

   _____

   _____

6 ¿Le hablo a él ahora?

_____

_____

B *Change the following affirmative commands to negative commands.*

1 Escríbame una carta, por favor.

   No me escriba una carta.

2 Déle el zapato.

   No le dé el zapato.

3 Préstele el cinturón.

   No le préste el cinturón.

4 Léanos el periódico.

   No nos Léa el periódico.

5 Tráigame las camisas.

   No me tráiga las camisas.

C *Answer the following sentences with a command, either affirmative or negative. Be sure to position the object and/or reflexive pronouns correctly.*

1 ¿Quiere usted que me lave las manos?

   Sí, láveselas. *or* **No, no se las lave.**

2 ¿Quiere usted que le traiga el periódico?

   Sí, tráigasele Sí, tráigamelo. No, no me lo traiga.

3 ¿Quiere usted que le dé mi libro?

   Sí, démelo. No, no me lo dé.

4 ¿Quiere usted que me ponga el sobretodo?

   Sí, póngaselo. No, no se lo ponga.

5 ¿Quiere usted que me acueste temprano?

   Sí, acuéstese temprano. No, no se acueste temprano.

6 ¿Quiere usted que me duerma en clase?

   Sí, duérmase en la clase. No, no se duerma.

D *Write affirmative and negative answers to the following questions.*

1 ¿Le doy los libros a Marta?

   <u>Sí, déselos.</u>

   <u>No, no se los dé.</u>

2 ¿Le presto la falda a mi amiga?

   _____

   _____

3 ¿Le doy el dinero a mi hermana?

   _____

   _____

4 ¿Les presto las camisas a mis compañeros?

   _____

   _____

5 ¿Le traigo los vestidos a mi mamá?

   _____

   _____

7. Resumen

A *Write the correct choice in the blank.*

1 Ella no quiere que tú le _____ .

   a) hablas   b) hable   c) hables

2 Quiero ir a la fiesta. Pues, _____ .

   a) vaya   b) va   c) ir

3 Dudo que Elena _____ mucho.

   a) estudia   b) estudies   c) estudie

4 ¿Cuándo le traigo la comida (*meal*)? _____ ahora.

   a) Me la traiga   b) Tráigamela   c) Se la traiga

5 Ellos insisten en que _____ temprano.

   a) nos levantemos   b) nos levantamos   c) levantarnos

6 Sí, quiero que ustedes _____ a las siete.

   a) vengan   b) venir   c) vienen

7 Insisto en que lo _____ ahora.

    a) hace   b) haces   c) hagas

8 ¿Cuándo vuelve ella? _____ mañana.

    a) Vuelve   b) Vuelva   c) Vuelvo

9 Dudo que mi novio me _____ bien.

    a) comprender   b) comprende   c) comprenda

10 ¿Me da usted esos libros? Sí, _____ en un momento.

    a) se los doy   b) démelos   c) se los das

B *Choose an appropriate verb from the list at the right and fill in the blank with the correct form of that verb. There may be more than one correct answer.*

1 Dudo que Teresa y Elena _____ a la fiesta.	comer
	dar
2 Ellos _____ que va a ser una buena fiesta.	decir
	escribir
3 Siento mucho que ellas no _____ ir.	hablar
	hacer
4 ¿Qué vamos a _____ en la fiesta?	ir
	levantarse
5 ¿Quieren que nosotros _____ la comida?	preparar
	querer
6 Sí, ellos piden que la _____ .	saber
	salir
7 _____ tú a qué hora vamos a comer?	ser
	tener
8 Dicen que nosotros _____ que comer después del programa.	terminar
	trabajar
9 Quieren que todos _____ trajes o vestidos elegantes.	traer
10 No quieren que la fiesta _____ temprano.	

Expresión individual

---

8. Complete las frases

1 No puedo _____ .

2 No tengo _____ .

3 Mi novio/a me _____ .

4 Estudie usted _____ .

5 Escriba usted _____ .

9. Forme preguntas

1 No, no quiero prestárselos.

¿_____?

2 Se lo doy mañana.

¿_____?

3 Sí, me lo pongo ahora.

¿_____?

4 No, no quiero que ellos me lo digan.

¿_____?

5 Sí, dudo que ella venga.

¿_____?

10. Preguntas personales

Answer each question with a complete sentence.

1 ¿Te acuestas tarde o temprano el día de tu cumpleaños?

_____

2 ¿Quieres que tu novio/a te invite al cine?

_____

3 ¿Quieres lavarte las manos ahora?

_____

4 ¿Te doy mis libros?

_____

5 ¿Cuándo quieren probarse los vestidos tus amigas?

_____

6 ¿Me traes el libro?

_____

7 ¿Quieres que tus amigos vayan contigo al baile de gala?

_____

8 ¿Por qué no te levantas temprano los sábados?

_____

9 ¿Vengo temprano mañana?

_____

10 ¿Prefiere usted que todos digan la verdad?

_____

_____

Vocabulario

Crucigrama

Complete the **crucigrama** as suggested by the cues, using vocabulary items from Lesson 7. Use all capital letters, without accent marks.

HORIZONTALES

3 Animal that likes bananas.
6 What students don't like to do in the evening.
7 Opposite of **primero**.
9 Eaten after the main meal.
11 Footwear worn mainly in the summertime.
12 What style-conscious people are concerned about.
13 Customary place to buy food.
14 Worn on one's foot.
17 Used to hold up one's trousers.
18 An article of clothing that men often wear with a suit.
19 Opposite of **salir**.

VERTICALES

1 Said as a greeting to someone who is eating: ¡Buen ____!
2 What most of us do with our money.
4 A shirt worn under a shirt.
5 Means *to disbelieve*.
8 Often occurs at Latin American parties.
10 Material that ties are often made of.
12 Similar to **calcetín**.
15 Opposite of **claro**.
16 What we are taught to do to others who have offended us.

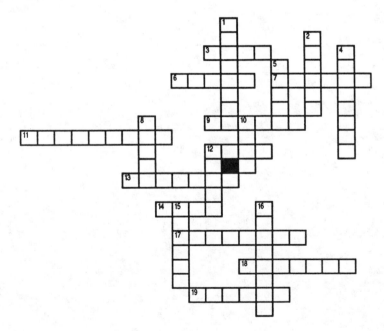

Lección ocho

Cintas

¿Lógico o absurdo?

You will hear ten pairs of statements. If the two statements are logically related, circle **L** *(lógico). If they do not go together, circle* **A** *(absurdo).*

1 L A   3 L A   5 L A   7 L A   9 L A

2 L A   4 L A   6 L A   8 L A   10 L A

Notas culturales

You will hear the **notas**, *and then a series of statements. If a statement is true in terms of the* **nota**, *circle* **V** *(verdadero). If it is false, circle* **F** *(falso).*

Los piropos

1 V   F   3 V   F   5 V   F

2 V   F   4 V   F   6 V   F

El cortejo y el compromiso

1 V   F   2 V   F   3 V   F   4 V   F

El matrimonio

1 V   F   2 V   F   3 V   F

Lectura

You will hear the **lectura**, *and then a series of statements. If a statement is true according to the* **lectura**, *circle* **V** *(verdadero). If it is false, circle* **F** *(falso).*

1 V   F   3 V   F   5 V   F   7 V   F

2 V   F   4 V   F   6 V   F   8 V   F

Narración

*You will hear the **narración**, and then a series of statements. If a statement is true in terms of the **narración**, circle **V** (verdadero). If it is false, circle **F** (falso).*

1 V F   3 V F   5 V F   7 V F   9 V F

2 V F   4 V F   6 V F   8 V F   10 V F

Procesamiento de palabras

---

1. Verbos regulares en el pretérito

-é   -í
-aste   -iste
-ó   -ió
-amos   -imos
-aron   -ieron

A *Rewrite the sentences, changing the main verb from the present to the preterit.*

1 Mi hermana vive en Monterrey.   to live vivir

   __Mi hermana vivió en Monterrey.__

2 Mis amigos hablan inglés.   hablar - to talk

   Mis amigos hablaron inglés

3 Aprendemos la lección en la clase.   aprender - to learn

   Aprendímos la lección en la clase

4 Les escribo cartas a mis amigos.   escribir, to write

   Les escribí cartas a mis amigos.

5 Mi mamá canta en la fiesta.   cantar, to sing

   Mi mamá cantó en la fiesta

6 No compramos ropa en esa tienda.   comprar, to buy

   No compramos ropa en esa tienda.

7 ¿Hablas con el profesor?   hablar - to speak

   ¿Hablaste con el profesor?

8 Los estudiantes responden rápido.   responder - to respond.

   Los estudiantes respondieron rápido.

9 Mis compañeras comen a las cinco.   comer - to eat

   Mis compañeras comieron a las cinco.

10 Me levanto tarde.   levantarse - to get one's self up.

   Me levanté tarde.

11 Miramos la televisión antes de acostarnos.   *mirar – to watch, look at*

  Miramos la televisión antes de acostarnos.

12 La clase comienza a las nueve.   *comenzar – to begin, to start*

  La clase comenzó a las nueve.

13 Me acuesto temprano.   ~~acuestar~~   *acostar – to lay down, go to sleep*

  me ~~acues~~ acosté temprano.

14 Volvemos tarde.   *Volver – to return*

  x Volvímos tarde.

15 ¿Quién te presta dinero?   *– to lend, prestar*

  ¿Quién te prestó dinero?

B *Form complete sentences or questions using the words given. Use the preterit form of the verb and supply other words as necessary.*

1 la semana pasada – yo – trabajar – con – papá   *trabajar – work*

  La semana pasada yo trabajé con mi papá

2 mi compañero – volver – casa – medianoche   *volver – to return*

  Mi compañero volvió a la casa a medianoche

3 mi hermanito – llorar – toda la noche   *llorar – to cry*

  Mi hermanito lloró toda la noche.

4 ¿ qué – comprar – tú – tienda – ayer ?   *comprar – to buy*

  ¿ Qué compraste tú (a la) tienda ayer.

5 ¿ qué hora – salir – ustedes – casa – esta mañana ?   *salir – to leave*

  ¿A Qué hora salieron ustedes de la casa esta mañana?

C *Answer the questions in a past-tense reference, according to the cues.*

1 ¿Vas a hablarle al profesor hoy? (no, ayer por la tarde)   fui   fuimos
                                                               fuiste fueron
  No, le hablé ayer por la tarde.   fue

2 ¿Cuándo van ustedes a estudiar la lección? (anoche)

ir =
to go   Ustedes estudiaron la lección anoche.

3 ¿Van a terminar la lección hoy los estudiantes? (no, ayer)

  Ellos la terminaron la lección ayer.

4 ¿Va a levantarse ahora tu compañero? (no, ya)

No, ya se levantó.

5 ¿Van a escribirte tus padres? (no, la semana pasada)

No, yo me escribí mis padres la semana pasada.

leave **6** ¿Cuándo va a salir para su casa tu compañero/a de cuarto? (el lunes pasado)

Yo salió el lunes pasado.

7 ¿Vas a comer? (no, ya)

No, yo no ya comí.

2. Algunos verbos irregulares en el pretérito

A *Rewrite the sentences, changing the main verb from the present to the preterit.*

1 Mi novia está en Nueva York.

 Mi novia estuvo en Nueva York.

2 Tengo que ir al baile de gala.   Tenir → Tuv

Tuve que ir al baile de gala.

3 Sabemos que usted es amiga del presidente del la universidad.   Saber → sup

Supimos.

4 ¿Te pones el sombrero antes de salir?   poner → pus

¿Te pusiste

5 No pueden venir con nosotros.   poder →

No pudieron

6 Elena no quiere verme.

Elena no quiso verme.

7 Hacemos el trabajo en casa.   Hacer → hic (hizo)

Hicimos el trabajo en casa.

8 ¿Vienes a la fiesta?   Venir → vin

Viniste a la fiesta

9 Estoy con mis amigos de California.

Estuvé

10 ¿Sabes la dirección de mi casa?   Saber

Supiste

B *Form complete sentences using the words given. Use the preterit form of the verb and supply other words as necessary.*

1 ayer – yo – no – poder – salir – casa

   Ayer, yo no pude salir de la casa.

2 hoy – mi novia – venir – mi casa

   Hoy mi novia vino a mi casa.

3 mi – padre – hacer – trabajo – anoche

   Mi padre hizo el trabajo anoche.

4 mis padres – me – dar – consejos

   Mis padres me dieron los consejos.

5 niños – no – querer – ponerse – zapatos

   Los Niños no quisieron ponerse los zapatos

6 nosotros – estar – enfermos – ayer

   Nosotros estuvimos enfermos ayer.

7 Luis – tener – estudiar – ayer

   Luis tuvo que estudiar ayer

8 mis amigos – no – venir – casa – anoche

   Mis amigos no vinieron a la casa anoche.

9 yo – no – ver – novio/a – anoche

   Yo no ví mi novio anoche.

10 mis amigos – estar – conmigo – cine

   Mis amigos estuvieron conmigo en el cine.

C *Answer the questions in a past-tense reference, according to the cues.*

1 ¿Cuándo vienen tus amigos de Monterrey? (ayer)

   Vinieron ayer.

2 ¿Cuándo van a hacer ustedes las tareas de la clase? (anoche)

   _____

3 ¿Tiene que venir mañana la profesora? (ayer)

   _____

4 ¿Se pone de mal humor con frecuencia tu novio/a? (anoche)

_____

5 ¿Cuándo vas a ver a tus padres? (la semana pasada)

_____

6 ¿Cuándo le vas a dar los papeles al profesor? (ayer después de la clase)

_____

3. El pretérito de ir y ser

A _Using context, determine the English equivalent of the underlined word and write it in the blank._

1 Ella no <u>fue</u> conmigo.   __went__

2 ¿Quién <u>fue</u> el profesor de la clase?   _was_

3 ¿<u>Fueron</u> ustedes amigos? _____

_to go / to be_

4 ¿<u>Fueron</u> ellos al cine anoche? _____

5 <u>Fuimos</u> compañeros de cuarto. _____

6 <u>Fuimos</u> a la clase. _____

B _Answer the following questions in the preterit according to the cues._

1 ¿Quién fue contigo a la clase ayer? (compañero de cuarto)

   __Mi compañero de cuarto fue conmigo.__

2 ¿Adónde fuiste anoche? (cine)

_____

3 ¿Quién fue el primer Presidente de los Estados Unidos? (Washington)

_____

4 ¿Fueron ustedes a la fiesta el sábado pasado? (sí)

_____

5 ¿Fuiste estudiante de francés el semestre (_semester_) pasado? (sí)

_____

4. Los negativos tampoco, nunca, nada, nadie, ninguno, ni . . . ni

A *Answer the questions first in the affirmative and then in the negative.*

1 ¿Comió usted esta mañana?

   Sí, comí algo.

   No, no comí nada.

2 ¿Estudiaron ustedes mucho anoche?

   Sí, yo estudie mucho anoche

   No, yo no estudie ninguno anoche — not any

3 ¿Vio usted a alguien en el parque?

   Sí, yo vi a alguien en el parque.

   No, yo no vi a nadie en el parque — nobody

4 ¿Vendieron ustedes mucho ayer?

   Sí, vendimos mucho ayer.

   No, yo no vendimos nada ayer.

5 ¿Hicieron ustedes algunos viajes a España?

   Sí, hicimos viajes a España.

   No, yo no hicimos ninguno

B *Complete the sentences using* **también** *or* **tampoco** *plus the form of the verb required by the cue.*

1 No fui al trabajo.

   Pablo _no fue tampoco._

2 Ellos vinieron tarde.

   Nosotros _vinimos tarde también._

3 Carlos se lavó las manos.

   Su hermano se lavó las manos también

4 Luis no se afeitó.

   Tú no te afeit~~iste~~ aste tampoco.

5 Me levanté temprano.

   Ana se levantó temprano también

6 Yo no recibí dinero.

   Mi hermana no recibió dinero tampoco.

5. Resumen

Complete the following paragraph, writing in each blank the correct preterit form of the verb indicated.

¡Al fin (1) __fuimos__ a casa! Eduardo me
(2) __preguntó__ si yo (3) __comí__ bien. Le
(4) __respondió__ que sí. Luego él (5) __salió__
y yo me (6) __bañó bañé__ , me (7) __acosté__ y
me (8) __duermí / dormí__ en seguida.

1. ir, nosotros
2. preguntar
3. comer
4. responder
5. salir
6. bañarse
7. acostarse
8. dormir

Expresión individual

6. Complete las frases

1 _____ anoche.

2 Dudo que usted _____.

3 _____ tampoco.

4 Fui _____.

5 _____ nada ayer.

7. Forme preguntas

1 Fui al cine porque me gusta.

¿_____?

2 Sí, me gustó el baile.

¿_____?

3 Me levanté a las siete.

¿_____?

4 Sí, le escribí.

¿_____?

5 Trabajé cinco horas ayer.

¿_____?

8. Preguntas personales

Answer each question with a complete sentence.

1 ¿Te acostaste temprano anoche?

_____

2 ¿Dónde estuviste ayer?

_____

3 ¿Por cuántas horas estuviste en casa de tu novio/a anoche?

_____

4 ¿Por qué tuviste que venir a la clase hoy?

_____

5 ¿Dónde pusiste los libros cuando llegaste a casa anoche?

_____

6 ¿Pudiste leer el periódico anoche?

_____

7 ¿Hiciste las tareas de clase también?

_____

8 ¿No fuiste al cine con tus amigos/as?

_____

9 ¿Qué hiciste antes de acostarte anoche?

_____

10 ¿Te bañaste anoche o esta mañana después de levantarte?

_____

Vocabulario

Crucigrama

Complete the **crucigrama** as suggested by the cues, using vocabulary items from Lesson 8. Use all capital letters, without accent marks.

HORIZONTALES

1 A periodical that usually contains several articles and illustrations.
7 What you do when you meet an acquaintance on the street.
11 Synonym of **responder**.
13 A conversation between two people.
15 A body of people who convene to enact laws.
16 Another word for **proverbio**.
17 Opposite of **siempre**.
20 A little jaunt.

VERTICALES

2 Causes great sadness.
3 What one sees at the movies.
4 The night before tonight.
5 What one customarily does when very sad and hurt.
6 A popular fruit.
8 Opposite of the **futuro**.
10 Someone who likes to perform.
12 Where to start.
14 The "king of the jungle."
18 One of a kind.
19 A common breakfast drink.

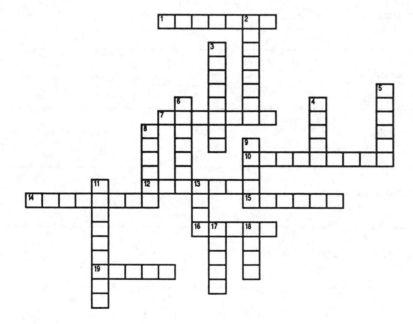

Lección nueve

Cintas

¿Lógico o absurdo?

You will hear ten pairs of statements. If the two statements are logically related, circle **L** *(lógico). If they do not go together, circle* **A** *(absurdo).*

1 L A	**3** L A	**5** L A	**7** L A	**9** L A
2 L A	**4** L A	**6** L A	**8** L A	**10** L A

Notas culturales

You will hear the **notas**, *and then a series of statements. If a statement is true in terms of the* **nota**, *circle* **V** *(verdadero). If it is false, circle* **F** *(falso).*

Los platos típicos

1 V F	**3** V F	**5** V F	**7** V F
2 V F	**4** V F	**6** V F	**8** V F

¡Psssst! ¡Mozo!

1 V F	**2** V F	**3** V F	**4** V F

¡A la mesa, por favor!

1 V F	**2** V F	**3** V F	**4** V F

Lectura

You will hear the **lectura**, *and then a series of statements. If a statement is true according to the* **lectura**, *circle* **V** *(verdadero). If it is false, circle* **F** *(falso).*

1 V F	**3** V F	**5** V F	**7** V F	**9** V F
2 V F	**4** V F	**6** V F	**8** V F	**10** V F

Narración

You will hear the **narración**, and then a series of statements. If a statement is true in terms of the **narración**, circle V (**verdadero**). If it is false, circle F (**falso**).

1 V F   3 V F   5 V F   7 V F   9 V F

2 V F   4 V F   6 V F   8 V F   10 V F

Procesamiento de palabras

1. El pretérito de los verbos que cambian su raíz (e → i)

A Rewrite the sentences, changing the verbs to the preterit.

1 Mi hermano se divierte mucho con sus amigos.

 Mi hermano se divirtió mucho con sus amigos.

2 Ellos piden churrascos.

 Ellos pidieron churrascos.

3 Servimos la cena a las nueve.

 Servimos la cena a las nueve.

4 Alejandro no pide postre.

 Alejandro no pidió postre

5 Luz me sirve churrascos.

 Luz me sirvió churrascos

6 ¿Se divierten mucho ustedes en la clase?

 ¿Se divirtieron mucho ustedes en la clase.

7 Paco se divierte en el restaurante.

 Paco se divirtió en el restaurante.

8 Mis amigos prefieren ir a La Cabaña.

 Mis amigos prefirieron ir a La Cabaña

9 Jorge no le pide dinero a su papá.

 Jorge no le pidió dinero a su papá.

10 Mi compañero/a prefiere comer tarde.

 Mi compañera prefirió comer tarde.

B *Answer the following questions in the preterit according to the cues.*

1 ¿Qué te sirvieron anoche? (churrascos)

me sirvieron churrascos.

2 ¿Se divirtieron ustedes en la clase ayer? (sí)

Sí, nos divirtieron en la clase ayer.

3 ¿Qué te pidió tu compañero/a? (cinco dólares)

Ella me pidió cinco dólares.

4 ¿Les sirvieron a ustedes pan con la cena? (sí)

Sí, nos sirvimos pan con la cena.

5 ¿Pidió usted postre? (sí)

Sí, yo pidí postre.

6 ¿Qué pidió tu novio/a? (fruta)

Me novio pidió a fruta.

7 ¿Te divertiste en el baile la semana pasada? (sí)

Sí, me divertí en el baile la semana pasada.

8 ¿Qué pediste la última vez que fuiste a un restaurante? (hamburguesa)

Yo pedí para un hamburguesa la última... que fui

2. *El pretérito de* morirse y dormirse

A *Supply the correct preterit form of the verb indicated.*

1 (morir) Muchos _murieron_ en las guerras.

2 (dormir) Yo no _dormí_ bien anoche.

3 (dormir) ¿Por cuántas horas _dormiste_ _durmió_ tu compañero/a anoche?

4 (morir) El General Francisco Franco _murió_ en 1975.

5 (dormirse) _te dormiste_ tú en la clase?

6 (morirse) ¿Cuándo _se murió_ el Presidente Kennedy?

B *Answer the following questions according to the cues.*

1 ¿Por cuántas horas dormiste anoche? (ocho)

_____

2 ¿Se durmió el profesor/la profesora en la clase ayer? (no)

_____

3 ¿Murieron muchas personas en la Guerra Civil de España? (sí)

_____

3. Formas irregulares del pretérito de decir y traer

A _Rewrite the sentences, changing the verbs to the preterit._

1 Les decimos la verdad.

_____

2 Mi novia me trae un regalo.

_____

3 ¿Traes comida a la fiesta?

_____

4 ¿Qué le dices a tu compañera de cuarto?

_____

5 ¿Qué traen ellos en las bolsas (_sacks_)?

_____

B _Answer the following questions in the preterit. Use object pronouns where possible._

1 ¿Trajiste los libros a la clase? (sí)

_____

2 ¿Le dijiste algo al profesor? (no)

_____

3 ¿Trajeron ustedes refrescos a la fiesta? (sí)

_____

4 ¿Te dijo la verdad tu compañero/a? (no)

_____

5 ¿Quién les trajo el menú a ustedes en el restaurante? (el mozo)

_____

6 ¿Dijeron ustedes que les gustó la comida? (sí)

_____

4. Formas irregulares de algunos verbos en el pretérito: leer, oír, creer, construir

A *Rewrite the sentences, changing the verbs to the preterit.*

1 Mi compañero no me cree.

_____

2 No oigo bien la música.

_____

3 ¿Quiénes construyen esas casas?

_____

4 ¿Cuándo lees ese libro?

_____

5 Mi papá no oye bien.

_____

6 Leo la lección antes de acostarme.

_____

B *Answer the following in the preterit. Use object pronouns where possible.*

1 ¿Leíste el periódico anoche? (sí)

_____

2 ¿Oíste algo? (no)

_____

3 ¿Leyeron la lección tus amigos de la clase? (sí)

_____

4 ¿Construyeron ustedes su casa? (no)

_____

5 ¿Creyeron los estudiantes la noticia? (sí)

_____

5. Cambios ortográficos en el pretérito de verbos en -car, -gar y -zar

A *Rewrite the sentences, changing the verbs to the preterit.*

1 No toco el piano.

   __No toqué el piano.__

2 Le entrego la revista.

_____

3 Comienzo temprano.

_____

4 Llego a las once.

_____

5 Busco el restaurante La Cabaña pero no lo encuentro.

_____

6 Empiezo a trabajar después de comer.

_____

B _Answer the following questions in the preterit, using object pronouns where possible._

1 ¿Quién llegó a la clase primero hoy, tú o el profesor/la profesora? (yo)

_____

2 ¿A qué hora empezó esta clase? (nueve de la mañana)

_____

3 ¿Buscaste algo en particular anoche? (un libro de historia)

_____

4 ¿Tocaste el piano en la fiesta el sábado pasado? (sí)

_____

5 ¿Comenzaste a esquiar el invierno pasado? (sí)

_____

6. El imperativo de tú – formas regulares e irregulares

A _Rewrite the sentences, changing the **usted**-command form to a **tú**-command form._

1 Escriba usted la carta.

   <u>**Escribe la carta.**</u>

2 Coma usted los churrascos.

_____

3 Hable usted con la profesora.

_____

4 Lea usted esa lección.

_____

5 Compre usted unas naranjas.

_____

6 Pida usted jugo de naranja.

_____

7 Beba usted esa leche.

_____

8 Diga usted la verdad.

_____

9 Salga usted de aquí.

_____

10 Ponga usted sus libros en la mesa.

_____

B *Answer the questions in the negative using an appropriate* **tú**-*command.*

1 ¿Puedo ir mañana con mis amigos?

  No, no vayas con ellos.

2 ¿Puedo pedir postre?

_____

3 ¿Puedo comprar una hamburguesa?

_____

4 ¿Puedo poner los libros aquí?

_____

5 ¿Puedo salir temprano?

_____

6 ¿Puedo comenzar ahora?

_____

7 ¿Puedo responder a la pregunta?

_____

8 ¿Puedo comer ahora?

_____

9 ¿Puedo decir las razones?

_____

10 ¿Puedo tomar algo?

_____

7. Mandatos formales – repaso

A _Answer first with an affirmative_ **usted-** _or_ **ustedes-***command, then with a negative* **usted-** _or_ **ustedes-***command as appropriate.*

1 ¿Quiere usted que yo le diga la verdad?

_____

_____

2 ¿Quiere usted que vengamos temprano?

_____

_____

3 ¿Quieren ustedes que yo les escriba cada semana?

_____

_____

4 ¿Quiere usted que le traigamos algo de la tienda?

_____

_____

B _Reply using an_ **usted-** _or a_ **tú-***command appropriately.*

1 Usted no es simpático.

   Sea simpático.

2 No eres simpático.

   Sé simpático.

3 Vienes tarde.

   No vengas tarde.

4 No tienes cuidado.

_____

NOMBRE _____ FECHA _____ CLASE _____

5 Usted no dice la verdad.

_____

6 Usted duerme mucho.

_____

7 Usted no come todo.

_____

8 Lees esos libros.

_____

9 Usted va al cine todos los días.

_____

10 Usted trae muchos regalos.

_____

8. El subjuntivo en cláusulas sustantivas – repaso

Choose the appropriate verb and write the correct form in the blank.

1 (pasar/conocer) ¿Quieres que yo _____ por ti mañana?

2 (estar/decir) Quiero que ustedes me _____ la verdad.

3 (comenzar/conocer) Ellos quieren que nosotros _____ temprano.

4 (prestar/poder) Dudo que ellos _____ hacerlo para mañana.

5 (ser/llamar) Nos gusta que ustedes _____ todos los días.

6 (sentarse/sentirse) No quiero que ellas _____ mal.

9. Resumen

A *Respond to the following questions and directions.*

1 ¿Le diste cinco dólares a tu compañero/a de cuarto esta mañana? (no)

_____

2 ¿Se divirtieron ustedes anoche? (sí, mucho)

_____

3 Dile a tu amigo que no vaya a la fiesta esta noche.

_____

Copyright © 1990 John Wiley & Sons   LECCIÓN NUEVE **117**

4 ¿Dormiste bien anoche? (un poco)

_____

5 ¿A qué hora llegaste a la clase hoy? (ocho en punto)

_____

6 ¿A qué hora te despertaste esta mañana? (6:30)

_____

7 Dile a tu amigo que tenga más cuidado.

_____

8 ¿Os acostasteis muy tarde anoche? (sí)

_____

B _Write Spanish equivalents for the following sentences._

1 Where did you (**usted**) sleep last night?

_____

2 I got up early this morning.

_____

3 Call her tomorrow. (**tú**-form)

_____

4 Please don't worry. (**usted**-form)

_____

5 I didn't bring a pencil. Lend me one, please. (**tú**-form)

_____

6 Did you (**usted**) ask for permission?

_____

Expresión individual

10. Complete las frases

1 Te vi _____.

2 _____ en el parque.

3 _____ anoche.

4 Tomé _____.

5 Mi compañero/a _____ ayer.

11. Forme preguntas

1 Sí, leímos toda la lección.

¿_____?

2 No, no oí nada.

¿_____?

3 Llegamos a la casa a las once.

¿_____?

4 Yo le traje el regalo a mamá.

¿_____?

5 No, no dijimos mentiras.

¿_____?

12. Preguntas personales

Answer each question with a complete sentence.

1 ¿Qué te sirvieron cuando fuiste al restaurante la última vez?

_____

2 ¿Leíste todo el menú?

_____

3 ¿Qué pidieron tus amigos?

_____

4 ¿Tuvieron que ponerse a dieta tú y tus amigos?

_____

5 ¿Fuiste a una fiesta la semana pasada?

_____

6 ¿Cómo te divertiste en la fiesta?

_____

7 ¿Se divirtieron todos?

_____

8 ¿A qué hora volviste a casa esa noche o dormiste en la casa de tus amigos?

_____

9 ¿Por qué preferiste quedarte en la casa de ellos?

_____

10 ¿Qué comieron en la fiesta?

_____

11 ¿Tomaste algo en la fiesta?

_____

12 ¿Te pusiste un traje/vestido elegante para la fiesta?

_____

13 ¿A quién llevaste a la fiesta?

_____

14 ¿Estuvo el profesor/la profesora en la fiesta también?

_____

15 ¿Tocaron guitarras en la fiesta?

_____

13. Composición

Write a paragraph about the last meal you had at your favorite restaurant.

_____

_____

_____

_____

_____

_____

_____

_____

_____

_____

Vocabulario

Crucigrama

Complete the **crucigrama** as suggested by the cues, using vocabulary items from Lesson 9. Use all capital letters, without accent marks.

HORIZONTALES

2 Similar to **comida**.
4 Essential for proper nutrition.
7 Synonym of **comenzar**.
9 Its meaning is similar to **dar**.
11 An appetizer.
13 What one would expect to receive if he or she violated a traffic law.
15 Describes a delicious meal (**comida**).
16 The last meal of the day.
17 Commonly eaten with **pan**.
19 Where you would put a roast to cook it.

VERTICALES

1 Eaten both for dessert and for refreshment.
3 Popular food in restaurants, particularly along the coast.
5 Comes in both a vegetable and fruit variety.
6 A juicy, round fruit.
8 Opposite of **verdad**.
10 May sound in time of danger.
12 This item often goes with a cup.
14 Where one would find **servilletas**.
17 Used to cover the table during a meal.
18 A meat commonly eaten for breakfast with eggs.

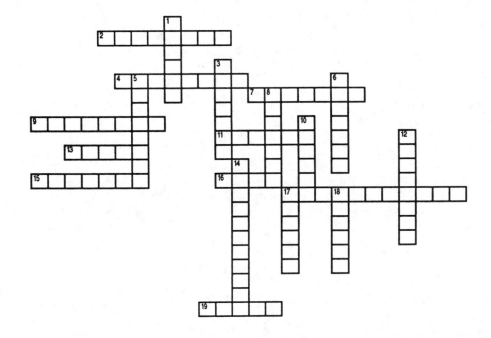

Tercer repaso

The concepts introduced in Lessons 7-9 are reviewed in the following items. The lesson in which the information is presented is given in parentheses with each item or set of items. If you have learned the concepts well, you will be able to complete each item. If you are not able to answer a particular item, you should go back to the lesson indicated and review that concept.

A *Write the present-subjunctive forms of the following verbs. (7)*

1 trabajar, ella _____

2 vivir, nosotros _____

3 hacer, él _____

4 decir, yo _____

5 permitir, él _____

6 poner, ellos _____

7 traer, ella _____

8 aprender, yo _____

B *Fill in the blanks with the correct form of* **pedir, preguntar,** *or* **hacer preguntas.** *(7)*

1 Mi hermano siempre me _____ dinero.

2 Voy a _____-le al profesor si es necesario este trabajo.

3 ¿Quiénes _____ en la clase, los estudiantes o la profesora?

4 ¿Te _____ tu compañero/a que le compres algo?

C *Create sentences or questions in the preterit tense from the words given, adding others as necessary. (8)*

1 anoche – acostarme – diez y media

_____

2 ¿ – qué – comprar – tú – tienda – ayer – ?

_____

3 ¿ – hora – salir – casa – esta mañana – tu compañero/a – ?

_____

4 ¿ – venir – ustedes – fiesta – anoche – ?

_____

5 ponerme – sobretodo – antes de – salir – casa

_____

6 mi novio/a – no estar – conmigo – ayer

_____

D *Using* **siempre** *or* **nunca**, **algo** *or* **nada**, *or* **alguien** *or* **nadie**, *answer the following questions first in the affirmative then in the negative. (8)*

1 ¿Estudias mucho?

_____

_____

2 ¿Vieron ustedes a alguien en el cine?

_____

_____

3 ¿Haces las tareas de la clase?

_____

_____

E *Change the following formal* (**usted**-*form*) *commands to informal* (**tú**-*form*) *commands. (9)*

1 Coma estos churrascos.

_____

2 Lea su libro ahora.

_____

3 No venga tarde a la clase.

_____

4 Póngase ese sombrero, por favor.

_____

5 No salga sin permiso.

_____

6 Acuéstese más temprano.

_____

F *Write how you would say the following:*

1 I want you (**tú**-form) to sell me your car. *(7)*

_____

2 She doesn't want me to visit her. *(7)*

_____

3 Our professor wants us to study these lessons very well. *(7)*

_____

4 I doubt he knows how to play the guitar. *(7)*

_____

5 Please study more. (**ustedes**-form) *(7)*

_____

6 Don't come late! (**usted**-form) *(7)*

_____

7 Please give (**usted**-form) it (the book) to me now. *(7)*

_____

G *Write complete answers to the following questions according to the cues.*

1 ¿Qué quieres que hagamos en la clase mañana? (sí) *(7)*

_____

2 ¿Qué prefieres que haga tu novio/a esta tarde? (llamarme) *(7)*

_____

3 ¿Qué prefieres hacer en la clase de español? (cantar) *(7)*

_____

4 ¿En qué insisten los profesores que hagan los estudiantes? (estudiar mucho) *(7)*

_____

5 ¿Qué esperas que hagan tus padres? (mandarme dinero) *(7)*

_____

6 ¿Fuiste al baile el sábado pasado? (no) *(8)*

_____

7 ¿Fueron amigos el año pasado tú y tu compañero/a de cuarto? (sí) *(8)*

_____

8 ¿A qué hora viniste a la universidad esta mañana? (9:00) *(8)*

_____

9 ¿Tuviste que trabajar anoche? (sí, toda la noche) *(8)*

_____

10 ¿Leyeron ustedes muchos libros en esa clase? (sí) *(8)*

_____

11 ¿Qué le diste a tu novio/a para su último cumpleaños? (pantalones) *(8)*

_____

12 ¿Se divirtieron ustedes en la clase ayer? (sí) *(9)*

_____

13 ¿Te sirvió el desayuno esta mañana tu compañero/a de cuarto? (no) *(9)*

_____

14 ¿Dormiste bien anoche? (sí) *(9)*

_____

15 ¿Trajeron los libros a la clase hoy los estudiantes? (no) *(9)*

_____

16 ¿Dijiste que te gustan churrascos? (sí) *(9)*

_____

17 ¿Oiste bien la música en la radio? (no) *(9)*

_____

18 ¿Quién tocó el piano en el concierto, tú? (mi amiga Carmen) *(9)*

_____

19 ¿A qué hora comenzó la clase el lunes? (9:30) *(9)*

_____

Listening Comprehension Exam

¿Verdadero o falso?

You will hear five sentences on the tape that are either true or false. If a sentence is true, circle V (verdadero). If it is false, circle F (falso).

1 V   F   2 V   F   3 V   F   4 V   F   5 V   F

¿Lógico o absurdo?

You will hear five pairs of statements or questions and answers. If the two are logically related, circle L (lógico). If they do not go together, circle A (absurdo).

1 L   A   2 L   A   3 L   A   4 L   A   5 L   A

Selección múltiple

You will hear 35 questions with three answer choices for each, only one of which is correct. Circle the letter (A, B, or C) of the correct choice.

1 A B C	8 A B C	15 A B C	22 A B C	29 A B C
2 A B C	9 A B C	16 A B C	23 A B C	30 A B C
3 A B C	10 A B C	17 A B C	24 A B C	31 A B C
4 A B C	11 A B C	18 A B C	25 A B C	32 A B C
5 A B C	12 A B C	19 A B C	26 A B C	33 A B C
6 A B C	13 A B C	20 A B C	27 A B C	34 A B C
7 A B C	14 A B C	21 A B C	28 A B C	35 A B C

Preguntas

You will hear five questions. Write an appropriate response to each one.

1 _____
_____

2 _____
_____

3 _____
_____

4 _____
_____

5 _____
_____

Lección diez

Cintas

¿Lógico o absurdo?

You will hear ten pairs of statements. If the two statements are logically related, circle **L** *(lógico). If they do not go together, circle* **A** *(absurdo).*

1 L A	3 L A	5 L A	7 L A	9 L A
2 L A	4 L A	6 L A	8 L A	10 L A

Notas culturales

You will hear the **notas,** *and then a series of statements. If a statement is true in terms of the* **nota,** *circle* **V** *(verdadero). If it is false, circle* **F** *(falso).*

Simón Bolívar y el sueño de una Hispanoamérica unida

1 V F	2 V F	3 V F	4 V F	5 V F

El Rey don Juan Carlos y el Premio Bolívar

1 V F	3 V F	5 V F	7 V F	9 V F
2 V F	4 V F	6 V F	8 V F	10 V F

Lectura

You will hear the **lectura,** *and then a series of statements. If a statement is true according to the* **lectura,** *circle* **V** *(verdadero). If it is false, circle* **F** *(falso).*

1 V F	3 V F	5 V F	7 V F	9 V F
2 V F	4 V F	6 V F	8 V F	10 V F

Narración

You will hear the **narración**, and then a series of statements. If a statement is true in terms of the **narración**, circle V (**verdadero**). If it is false, circle F (**falso**).

1 V F   3 V F   5 V F   7 V F   9 V F

2 V F   4 V F   6 V F   8 V F   10 V F

Procesamiento de palabras

1. Verbos regulares en el imperfecto

A Supply the approriate verb form in the imperfect tense.

1 (trabajar, nosotros) __Trabajábamos__ en un taller mecánico.

2 (hablar, yo) _Hablaba_ con el profesor.

3 (decir, ellos) _Decían_ la verdad.

4 (vivir) María _Vivía_ en Los Ángeles.

5 (aprender) Mis amigos _aprendían_ español.

6 (pasar, tú) _pasabas_ por la casa de Elena.

7 (comprender, yo) No _comprendía_ la pregunta.

8 (vivir, nosotros) _vivíamos_ en Nicaragua.

9 (aprender) Los jóvenes _aprendían_ la cultura de España.

10 (venir) José _venía_ cada día a mi casa.

11 (aprender, nosotros) _aprendíamos_ la historia de Somoza.

12 (vivir) José y Raúl _vivían_ en un apartamento.

13 (hablar, ellos) _hablaban_ mal de ustedes.

14 (entender, tú) ¿_entendías_ todo?

15 (estar) Elena y María _estaban_ en la biblioteca.

B Choose the appropriate verb and fill in the blank with the correct form of the imperfect.

1 (bañarse/acostarse) De costumbre yo _____ antes de desayunar.

2 (dar/vender) ¿En esos días por cuánto se _____ ellos aviones?

3 (saber/conocer) Nosotros nos _____ muy bien.

4 (tener/tomar) ¿_____ tú mucho con tus amigos?

5 (lavar/llegar) ¿Dónde _____ usted la ropa?

6 (sentir/sentar) Era una tragedia y yo lo _____ mucho.

7 (jugar/tocar) Él siempre _____ el piano en las fiestas.

8 (preguntar/pedir) Todos los días ellos me _____ dinero.

9 (entrar/esperar) Yo no _____ más favores.

10 (divertirse/despertarse) ¿ _____ usted mucho en las montañas?

C *Write the Spanish equivalent.*

1 Silvia used to live with her aunt.

_____

2 Where would you (**tú**) rest when you were tired?

_____

3 We used to sing on television.

_____

4 What were you (**tú**) doing?

_____

5 We always spoke Spanish at home.

_____

2. Los verbos irregulares en el imperfecto

A *Supply the proper verb form in the imperfect tense.*

1 (ser, yo) __Era__ popular de niño.

2 (ir, nosotros) _____ al Brasil.

3 (ver) Carlos _____ la televisión todos los días.

4 (ir, tú) ¿ _____ al cine solo?

5 (ser, ellas) _____ mis amigas de la escuela.

6 (ver, ustedes) _____ a sus amigos a menudo?

7 (ver, yo) _____ a mucha gente en la tienda.

8 (ser) _____ las cuatro de la mañana.

9 (ser/ir) Cuando yo _____ niño, mi papá y yo _____ mucho al parque.

10 (ver) Yo _____ a mis amigos todos los días.

B *Translate into Spanish.*

1 I used to go to the country with my father.

_____

2 What color was your (**tú**-form) house?

_____

3 Where were you (**tú**) going?

_____

4 He was very sharp (smart) when he was younger.

_____

5 Did you (**ustedes**) see a game every weekend?

_____

3. La formación de adverbios en -mente

Change the following adjectives to adverbs.

1	fácil	__fácilmente__	4 público	_____
2	frecuente	_____	5 sólo	_____
3	feliz	_____	6 usual	_____

4. Comparaciones de igualdad

Write Spanish equivalents for the following sentences.

1 Eugenio didn't eat as much salad as José.

   __Eugenio no comió tanta ensalada como José.__

2 Raúl knew as much about Spain as Pepe.

_____

3 Elena was as tall as Claudia.

_____

4 Rosa always studied as much as Juan.

_____

5 Nobody used to sleep as much as Jorge.

_____

6 I have as much money as Ricardo.

_____

5. Comparaciones de desigualdad

Write Spanish equivalents for the following sentences.

1 Mr. Rodríguez is happier than his wife.

   El señor Rodríguez es más feliz que su esposa.

2 Manolo has less money than Miguel.

   _____

3 Silvia learns more in class than Juana.

   _____

4 My roommate has more than 1,000 dollars in the bank.

   _____

5 Carlos seems more intelligent than Tomás.

   _____

6 My dad is older than 32.

   _____

7 My friends are richer than I.

   _____

8 I believe Anita is prettier than Carmen.

   _____

9 I go to the movies more frequently than my roommates.

   _____

10 Your (**tú**-form) classes are easier than my classes.

   _____

6. Comparaciones de adjetivos – formas irregulares

Combine the two statements using a comparison.

1 El carro de Miguel es bueno. El carro de Manolo es malo.

   El carro de Miguel es mejor que el de Manolo.

2 Estos zapatos son malos. Esos zapatos son buenos.

   Estos zapatos son peores que esos zapatos.

3 Este libro es bueno. El otro no es bueno.

   _____

4 La fiesta de anoche fue muy mala. Esta fiesta es buena.

_____

5 Tengo 23 años. Mi hermano tiene 18 años.

_____

6 Soy bajo. Él es alto.

_____

7 Sara tiene 19 años. Su hermana tiene 25 años.

_____

7. Resumen

A Write the correct choice in the blank.

1 Mi hermano _____ es más grande que yo.

   a) mejor   b) mayor   c) viejo

2 Antes _____ en la calle.

   a) jugábamos   b) jugamos   c) jugar

3 ¿ _____ ustedes buenos amigos?

   a) Eres   b) Estaban   c) Eran

4 ¡Esta lección es _____ la última!

   a) más fácil que   b) más fácil como   c) más fácil de

5 Yo no tenía _____ dinero _____ él.

   a) tan . . . como   b) tanto . . . como   c) tanto . . . que

6 Ella, sí, es bonita. Pero mi novia es _____ bonita.

   a) más   b) mejor   c) mayor

7 Antes yo tenía _____ cinco lápices.

   a) más de   b) más que   c) más como

8 Dicen que soy _____ inteligente _____ ellos.

   a) tan . . . como   b) tanto . . . como   c) más . . . como

B *Write Spanish equivalents for the following sentences.*

1 That class was very easy!

_____

2 Did you visit your (**ustedes**-form) grandparents each summer?

_____

3 I don't have as much time as you (**tú**) do.

_____

4 Do you (**tú**) have more than 25 dollars?

_____

5 We always spoke more in Spanish than in English in class.

_____

6 Who is your (**tú**-form) best friend?

_____

7 I have fewer than ten dollars.

_____

8 This movie is worse than the one last night.

_____

Expresión individual

8. Complete las frases

1 ¿Podía usted _____?

2 _____ me gustaba _____.

3 _____ era pequeño.

4 Yo estudiaba tanto _____.

5 ¿Por qué _____?

9. Forme preguntas

1 No, de costumbre no bailaba cuando era más joven.

¿_____?

2 En mi casa hablábamos inglés.

¿_____?

3 Me gusta el cine tanto como el teatro.

¿_____?

4 Sí, yo estaba contento cuando era niño.

¿_____?

10. Preguntas personales

Answer each question with a complete sentence.

1 ¿Qué hacían ustedes durante las vacaciones del verano?

_____

2 ¿Dormías mucho cuando eras niño/a?

_____

3 ¿Por qué no duermes mucho ahora?

_____

4 ¿Cuántas personas había en tu última clase de español?

_____

5 ¿Qué acostumbrabas hacer los sábados?

_____

6 De niño/a, ¿qué te gustaba hacer?

_____

7 ¿Qué idioma hablaban ustedes en casa?

_____

8 ¿Aprendías mucho en la escuela?

_____

9 ¿Dónde vivías de niño/a?

_____

10 ¿Te gusta donde vives ahora?

_____

11. Composición

Write a paragraph about your experiences as a student in elementary school.

_____

_____

_____

_____

_____

_____

_____

_____

_____

_____

Vocabulario

Crucigrama

Complete the **crucigrama** as suggested by the cues, using vocabulary items from Lesson 10. Use all capital letters, without accent marks.

HORIZONTALES

- 4 Significa **de costumbre**.
- 6 Similar a **íntimo**.
- 7 Sinónimo de **prisionero**.
- 10 Modo de transportación muy rápido.
- 11 Significa **oposición**.
- 13 Muy bonito.
- 15 Similar a **generalmente**.
- 16 Sinónimo de **terminar.**
- 17 Potencia o fuerza.
- 19 Levantarse muy temprano.
- 20 Para decir **que sigue.**

VERTICALES

- 1 Sinónimo de **recordar**.
- 2 El opuesto de **difícilmente**.
- 3 El ser (*being*) supremo.
- 5 Sin error.
- 8 Obvio o claro.
- 9 Quiere decir **a menudo**.
- 12 Donde aprendemos.
- 14 Sin fortuna.
- 18 Responsabilidad.

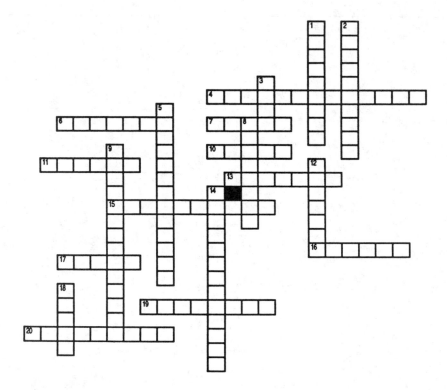

Lección once

Cintas

¿Lógico o absurdo?

*You will hear ten pairs of statements. If the two statements are logically related, circle **L** (**lógico**). If they do not go together, circle **A** (**absurdo**).*

1 L A	3 L A	5 L A	7 L A	9 L A
2 L A	4 L A	6 L A	8 L A	10 L A

Notas culturales

*You will hear the **notas**, and then a series of statements. If a statement is true in terms of the **nota**, circle **V** (**verdadero**). If it is false, circle **F** (**falso**).*

Los deportes, los aficionados y el fútfol

1 V F	3 V F	5 V F	7 V F
2 V F	4 V F	6 V F	8 V F

El béisbol y el jai alai

1 V F	2 V F	3 V F	4 V F

Lectura

*You will hear the **lectura**, and then a series of statements. If a statement is true according to the **lectura**, circle **V** (**verdadero**). If it is false, circle **F** (**falso**).*

1 V F	3 V F	5 V F	7 V F	9 V F
2 V F	4 V F	6 V F	8 V F	10 V F

Narración

You will hear the **narración**, *and then a series of statements. If a statement is true in terms of the* **narración**, *circle* **V** (verdadero). *If it is false, circle* **F** (falso).

1 V F   3 V F   5 V F   7 V F   9 V F

2 V F   4 V F   6 V F   8 V F   10 V F

Procesamiento de palabras

---

1. Diferencias entre el pretérito y el imperfecto

A *Complete each sentence with either the preterit or imperfect tense of the verb indicated.*

1 (gustar) ¿Le __gustó__ a usted el almuerzo anoche?

2 (visitar) ¿Siempre ___visitabas___ tú México en el verano?

3 (vivir) ¿ ___vivieron___ ustedes en Sudamérica por cinco años?

4 (comer) ¿A qué hora ___comías___ tú generalmente?

5 (ayudar) ¿Le ___ayudaba___ usted a su papá en esos días?

6 (hablar) Yo ___hablaba___ dos idiomas de niño/a.

7 (ser) ¿Qué hacías cuando ___eras___ joven?

8 (dar) ¿Antes ___daban___ ellos clases de literatura en la escuela?

B *Fill in the blank with the appropriate imperfect or preterit form of the verb on the right.*

A Luis le (1) ___gustaba___ mucho ir a los   1. gustar

partidos de fútbol cuando (2) ___era___   2. ser

más joven. Él me (3) ___~~de~~ dije___ que   3. decir

(4) ___iba___ todos los domingos con   4. ir

su papá. También me (5) _____ algo   5. contar

que yo no (6) _____: que su papá   6. saber

(7) _____ con un equipo profesional.   7. jugar

Y dicen que él (8) _____ uno de los   8. ser
mejores jugadores (*players*) en esos días.

C *Guided by the clarification of meaning in parentheses, translate the following sentences, using either the preterit or imperfect tense to express the meaning in Spanish.*

1 She went to school. (every day)

Ella iba a la escuela.

2 I spoke at the meeting. (last night)

Yo hablé a las en la réunion

3 We went to the park. (on Sundays)

Nosotros venímos al parque. Ibamos

4 She slept well. (when she was young)

Ella dormía bien.

5 We left early. (last night)

Nosotros salimos tamprano.

6 He went to bed at 10 p.m. (as a child)

El se levantaba a las diez de la noche. acostaba

7 He went to bed at 11 p.m. (last night)

El se levanté a las once de la noche. acostó

8 Did it rain? (yesterday)

¿Llovió?

2. El pasado progresivo

Change the imperfect-tense verb in each sentence to the past progressive.

1 ¿Qué hacía usted cuando él entró?

¿Qué estaba haciendo usted cuando él entró?

2 ¿Quién hablaba cuando ellos pasaron?

¿Quién estaba hablando...?

3 ¿Qué leías cuando te llamé?

¿Qué estabas leyendo...?

4 ¿Qué escribían ellas?

¿Qué estaban escribiendo...?

5 Llovía cuando me desperté.

Estaba lloviendo...

6 Federico bailaba con Debbie cuando Alicia lo vio.

Federico estaba bailando con...

3. Verbos con significado distinto en el pretérito y el imperfecto

*Complete the sentences as suggested by the English cues. Use the **tú**-form to translate "you."*

1 (*I met him*) _____ cuando era joven.

2 (*I knew*) _____ que ellos lo conocían también.

3 (*We managed*) _____ encontrar el zapato perdido.

4 (*Did you know Benito*) ¿_____ cuando él vivía en Bogotá?

5 (*When did you find out*) ¿_____ del accidente?

6 (*I wanted to open the door*) _____ pero no pude.

7 (*Did you know*) ¿_____ que no hay examen mañana?

4. El superlativo de adjetivos

Complete the sentences using comparative and superlative forms as in the models.

1 María es pobre.

(*less*) Inés __**es menos pobre**__.

(*least*) Julia __**es la menos pobre**__.

2 Nuestra clase es fácil.

(*easier*) La clase de Manolo *es más fácil.*

(*easiest*) La clase de mi hermano *es la más fácil.*

3 Yolanda es alta.

(*taller*) Ana *es mas alta.*

(*tallest*) Carmen *es la mas alta.*

4 Ella es grande (*age*).

(*younger*) Lisa *es menor*

(*youngest*) Anabel *es la menor.*

5 Esta cama es mala.

(*worse*) La cama de Elena *es más mala*

(*worst*) La cama de Esteban *es la más mala.*

6 El coche de Elena es bueno.

(*better*) El coche de Juana ~~es mas bueno~~ es mejor _____.

(*best*) El coche de Inés ~~es la mas buena.~~ es mas mejor. _____.

7 José es grande (*size*).

(*bigger*) Rafael es más grande _____.

(*biggest*) Manuel es el mas grande _____.

8 La señora Gutiérrez es vieja.

(*older*) La señorita Margarita es mejor. _____.

(*oldest*) La señora Beatriz es la mejor. _____.

5. *Comparaciones empleando los adverbios* mejor y peor

Combine the two sentences using a comparison with either **mejor** *or* **peor**.

1 Luisa canta bien. Yo canto mal.

Luisa canta mejor que yo .

2 Pedro estudia bien. Francisco no estudia bien.

Pedro es mejor que Francisco.

3 Yo hablo español muy bien. Mi compañero/a habla español un poco.

Yo hablo español mejor que mi compañero.

4 Carlos juega mal. Eduardo juega bien.

Carlos juega peor que Eduardo.

5 Yo toco sólo un poco. Mi primo toca muy bien.

Yo toco pero que mi primo

6. *El superlativo absoluto*

Change the adjective to the absolute superlative.

1 El español es muy importante.

El español es importantísimo .

2 El español es muy fácil.

_____

3 Ella es muy bella.

_____

4 El postre está muy rico.

_____

5 La revolución fue muy peligrosa.

_____

6 Las camisas son muy blancas.

_____

7. Hacer _con expresiones temporales_

A _Answer the questions using expressions of time with_ **hacer** _and the present tense._

1 ¿Hace cuánto que ustedes hablan español? (varios meses)

   __Hace varios meses que hablamos español__ .

2 ¿Cuántos años hace que trabaja en la universidad este profesor? (tres años)

_____

3 ¿Hace cuánto tiempo que no le escribes a tu novio/a? (dos días)

_____

4 ¿Cuánto tiempo hace que estudias esta lección? (tres horas)

_____

5 ¿Cuánto tiempo hace que no ven ustedes un campeonato de ajedrez? (mucho tiempo)

_____

6 ¿Cuánto tiempo hace que estás esperando aquí? (diez minutos)

_____

B _Answer the questions using expressions of time with_ **hacer** _and the preterit tense. Answer each question twice, using a different word order pattern each time._

1 ¿Cuándo empezó el semestre? (diez semanas)

   __Hace diez semanas que empezó el semestre__ .

   __El semestre empezó hace diez semanas__ .

2 ¿Cuándo comenzó la película? (una hora y media)

_____

_____

3 ¿Cuántos días hace que salió el artículo en el periódico? (dos días o más)

_____

_____

4 ¿Cuándo recibiste la carta? (una semana)

_____

_____

5 ¿Cuánto hace que se casaron tus padres? (treinta años)

_____

_____

8. *Resumen*

Write the correct response in the blanks.

1 Ella _____ mientras yo _____ .

    a) bailaba . . . esperaba   b) bailó . . . esperaba   c) bailaba . . . esperó

2 Yo _____ que _____ el perro.

    a) conocí . . . se murió   b) sabía . . . se murió   c) supo . . . se ocurrió

3 Ella me dijo que los otros _____ al cine anoche.

    a) iban   b) fueron   c) llevaron

4 Luis _____ a la biblioteca cuando lo vi.

    a) iba   b) estaba yendo   c) fue

5 De niño/a, ¿qué _____ para divertirte?

    a) hacías   b) hiciste   c) hacía

6 Cuando era más joven yo siempre _____ tarde.

    a) me levanté   b) me levantaba   c) me levanto

7 ¿_____ usted algo para el almuerzo ayer?

    a) Trae   b) Traía   c) Trajo

8 Antes él _____ mucho al béisbol.

    a) jugaba   b) juega   c) jugó

9 Alicia es bonita, pero Carmen es _____ .

    a) mejor   b) la más bonita   c) más bonita

10 Yo _____ con el Federico cuando Alicia abrió la puerta.

    a) hablé   b) estaba hablando   c) hablo

9. Complete las frases

1 Estudiaba _____.

2 Carmen no pudo _____.

3 Supe que _____.

4 Eran las seis cuando _____.

5 ¿Qué deporte _____?

10. Forme preguntas

1 Sí, me divertía mucho en los deportes.

¿_____?

2 No, no sé jugar al tenis.

¿_____?

3 Conocimos a Federico en Colombia.

¿_____?

4 No, no quise ir a la clase ayer.

¿_____?

5 Sí, cuando éramos jóvenes jugábamos mucho.

¿_____?

11. Preguntas personales

Answer each question with a complete sentence.

1 ¿Tenías miedo cuando te llamaba tu mamá?

_____

2 ¿Fueron ustedes al teatro anoche?

_____

3 ¿Hacía mucho frío cuando eras joven?

_____

4 ¿Estabas cansado/a cuando te acostaste anoche?

_____

5 ¿Estabas leyendo algo cuando te dormiste anoche?

_____

6 ¿Sabían ustedes que el profesor/la profesora venía tarde a la clase?

_____

7 ¿Leías muchos libros de filosofía cuando asistías a la escuela secundaria?

_____

8 ¿A quién visitaste anoche?

_____

9 ¿Pudiste venir temprano a la clase hoy?

_____

10 ¿Cuántos/as novios/as tenías cuando eras más joven?

_____

11 ¿Conocieron ustedes a todos los profesores?

_____

12 ¿Qué hora era cuando comenzó la clase?

_____

13 ¿Qué hacías antes de venir a la universidad?

_____

14 ¿Cuándo supieron ustedes del próximo examen?

_____

15 ¿No quisiste pedirle dinero a tu compañero/a de cuarto?

_____

16 ¿Estabas estudiando cuando el profesor/la profesora entró a la clase hoy?

_____

17 ¿Cuántos años tenías cuando entraste a la escuela?

_____

18 ¿Eres tú el más alto/la más alta de tu familia?

_____

12. Composición

Write a paragraph about your experiences before you came to the university.

_____

_____

_____

_____

_____

_____

_____

_____

_____

Vocabulario

Crucigrama

Complete the **crucigrama** *as suggested by the cues, using vocabulary items from Lesson 11. Use all capital letters, without accent marks.*

HORIZONTALES

4 Sinónimo de **pasar**.
7 Lo que el futbolista quiere marcar.
11 Uno que juega a varios deportes.
13 Donde nadamos.
14 El último partido.
16 Significa **muy interesante**.
17 Sinónimo de **partido**.
18 Lo que hace uno que no está de acuerdo con algo.
19 Similar a **diferente**.

VERTICALES

1 Uno que quiere ir a muchos partidos.
2 Uno que juega al fútbol.
3 Donde encontramos Francia, España y Alemania.
5 Lugar en que hacemos deportes.
6 Significa **magnífico** o **muy bueno**.
8 Parte del cuerpo.
9 Un deporte my popular en América.
10 Unos de sus significados es **negocio**.
12 Muy simpático.
14 Lo que les gusta a los deportistas.
15 Lo que uno da con el pie.

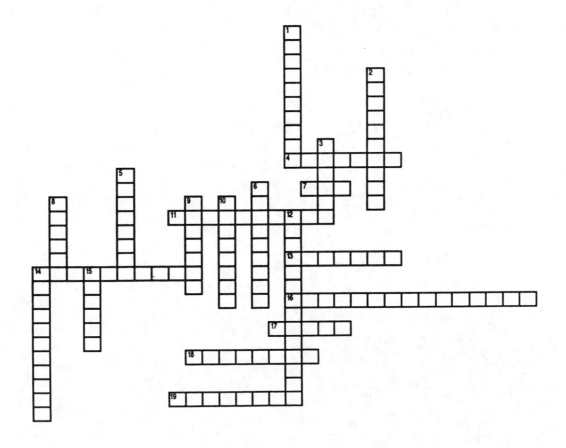

Lección doce

Cintas

¿Lógico o absurdo?

You will hear ten pairs of statements. If the two statements are logically related, circle **L** *(lógico). If they do not go together, circle* **A** *(absurdo).*

1 L A	3 L A	5 L A	7 L A	9 L A
2 L A	4 L A	6 L A	8 L A	10 L A

Notas culturales

You will hear the **notas,** *and then a series of statements. If a statement is true in terms of the* **nota,** *circle* **V** *(verdadero). If it is false, circle* **F** *(falso).*

Los mercados públicos

1 V F	3 V F	5 V F	7 V F	9 V F
2 V F	4 V F	6 V F	8 V F	10 V F

Lectura

You will hear the **lectura,** *and then a series of statements. If a statement is true according to the* **lectura,** *circle* **V** *(verdadero). If it is false, circle* **F** *(falso).*

1 V F	3 V F	5 V F	7 V F	9 V F
2 V F	4 V F	6 V F	8 V F	10 V F

Narración

You will hear the **narración,** *and then a series of statements. If a statement is true in terms of the* **narración,** *circle* **V** *(verdadero). If it is false, circle* **F** *(falso).*

1 V F	3 V F	5 V F	7 V F	9 V F
2 V F	4 V F	6 V F	8 V F	10 V F

1. Verbos regulares en el tiempo futuro

Choose the appropriate verb and complete the sentence with the correct future-tense form.

1 (contar/cantar) ¿Quién __**cantará**__ en el programa?

2 (probarse/sentirse) ¿Por qué no _se probará_ usted ese vestido?

3 (ir/dar) ¿Cuándo _irás_ tú a la biblioteca?

4 (responder/recibir) ¿Cuándo _responderán_ ellos a mis cartas?

5 (prestar/pedir) ¿_Pedirán_ ustedes postre?

6 (olvidar/trabajar) ¿Quién _olvidará_ esta clase?

7 (volver/durar) Dicen que _volverán_ a las ocho.

8 (seguir/traer) Ella _traerá_ la comida.

9 (madrugar/sugerir) ¿Quiénes _sugerirán_ eso?

10 (afeitarse/despertarse) Yo _me afeitaré_ después de bañarme.

2. Verbos irregulares en el futuro

Complete the following sentences as indicated by the cues, using verbs in the future tense.

1 (venir, el profesor) ¿__**Vendrá el profesor**__ a la clase esta noche?

2 (saber, ella) ¿_Sabrá ella_ la verdad?

3 (poder, nosotros) _Nosotros podremos_ escuchar el programa la semana próxima.

4 (salir, el médico) ¿Cuándo _el médico saldrá_ ?

5 (tener, usted) ¿_Tendrá usted_ tiempo para hablar conmigo?

6 (poner, la muchacha) ¿_Pondrá la muchacha_ todas las flores en la mesa?

7 (hacer, ustedes) ¿Qué _ustedes harán_ después de la clase?

8 (tener, tú) ¿Cuándo _tú tenrás_ que estudiar las materias?

9 (valer) ¿Cuánto _valdrá_ este anillo?

10 (haber) ¿Cuántos estudiantes _habrá_ en la clase mañana?

3. El futuro para expresar probabilidad

Give the Spanish equivalent.

1 I wonder if Mario is thirsty.

__**¿Tendrá sed Mario?**__

2 Can he be the person we saw?

¿ Serás él la persona que nosotros vimos?

3 Where can my roommate be?

¿Donde estará mi companera de cuarto?

4 I wonder what Elena is doing tonight.

Elena hará anoche ¿Que hará elena esta noche?

5 I wonder what they are eating.

¿Que ellos coman? ¿Que estarán comiendo?

4. El presente en español con significado de shall o will

Give the Spanish equivalent.

1 Shall I come now?

¿Vengo ahora?

2 Shall we study tonight?

¿Nosotros estudiaramos esta noche?

3 Shall we dance?

¿Nosotros bailaramos?

4 Will you (**tú**) accompany us?

¿Tú acompañas nos?

5 Shall I buy the brooch or the earrings?

¿Yo compro la ... o la...?

5. Los pronombres demostrativos

A *Answer the questions, substituting a demonstrative pronoun.*

1 ¿Te gustan esos zapatos?

No, prefiero éstos.

2 ¿Te gusta ese sobretodo?

_____

3 ¿Te gusta esa camisa?

_____

4 ¿Te gustan esos pantalones?

_____

5 ¿Te gustan esas medias?

_____

B _Answer following the model._

1 ¿Qué te parece ese traje?

   Aquél me gusta más.

2 ¿Qué te parecen esos anillos?

_____

3 ¿Qué te parece ese broche?

_____

C _Answer as in the model._

1 ¿Te interesa este sombrero?

   Me interesa más ése.

2 ¿Te interesa esta corbata?

_____

3 ¿Te interesan estos pantalones?

_____

D _Write the form of the demonstrative pronoun suggested by the English cue._

1 (_This_) _____ es mi país.

2 (_Those, far away_) _____ eran buenos años.

3 (_That – idea_)_____ es muy importante.

4 (_Those, far away_) _____ son montañas muy bonitas.

5 (_that one, near you_) Éste es mi lápiz, _____ es de Carlos.

6. El reflexivo como equivalente de la voz pasiva

Translate into Spanish, using the reflexive as equivalent of the passive voice.

1 Where is good jewelry sold?

   ¿Dónde se venden buenas joyas?

2 Where were these books written?

_____

3 The doors were opened at 9 o'clock.

_____

4 How was the decision received?

_____

5 Shirts aren't sold here.

_____

6 My overcoat was found in the park.

_____

7 Two games will be played tomorrow.

_____

7. El presente con significado futuro

Translate the sentences, using the present tense to express future meaning.

1 I'll write to her tomorrow.

   Le escribo mañana.

2 He's coming to my house tonight.

_____

3 I'll see you (**ustedes**) tonight.

_____

4 He will give me the papers tomorrow.

_____

5 They'll tell us next week.

_____

8. Resumen

Give the Spanish equivalent.

1 We'll talk to you (**tú**) later.

_____

2 I wonder what time it is.

_____

3 Shall I buy this record?

_____

4 We don't want to return tomorrow, but we'll do it.

_____

5 This brooch is pretty, but that one (next to you) is prettier.

_____

6 How is the salsa danced?

_____

7 The doors were closed at 7 o'clock.

_____

8 I don't like these rings. I prefer those (over there).

_____

Expresión individual

9. Complete las frases

1 Mañana lo _____.

2 _____ a la sastrería esta noche.

3 ¿_____ conmigo?

4 Ellos tendrán que _____.

5 Tú me _____. ¿Verdad?

10. Forme preguntas

1 Compraré zapatos con ese dinero.

¿_____?

2 Mañana saldré a las cuatro.

¿_____?

3 No, a ella no le gustará ese broche.

¿_____?

4 Yo prefiero ésta.

¿_____?

5 Pepe tendrá veinte años.

¿_____?

11. Preguntas personales

Answer each question with a complete sentence.

1 ¿Estarán estudiando en la biblioteca tus amigos?

_____

2 ¿Vas al mercado el sábado?

_____

3 ¿Por qué será tan barato este anillo?

_____

4 ¿Dónde estará tu compañero/a de cuarto?

_____

5 ¿Quieres comprar esta camisa o aquélla?

_____

6 ¿A tu compañero/a le gusta ir de compras?

_____

7 ¿Cuándo tendremos las vacaciones?

_____

8 ¿Por qué estarás cansado/a?

_____

9 ¿A qué hora pasarás por mi casa?

_____

10 ¿Salimos mañana o ahora mismo?

_____

11 ¿Es ésta la joya más bonita?

_____

12 ¿Seguirás una carrera en medicina?

_____

13 ¿Me puedes decir cuánto cuesta este sobretodo?

_____

14 ¿Te quedan muy grandes esos pantalones?

_____

15 ¿Qué harás esta tarde?

_____

12. Composición

Write five sentences about what you are going to do tonight.

_____

_____

_____

_____

_____

_____

_____

_____

_____

Vocabulario

Crucigrama

Complete the **crucigrama** as suggested by the cues, using vocabulary items from Lesson 12. Use all capital letters, without accent marks.

HORIZONTALES

- **5** Donde te pueden hacer un buen traje.
- **8** Donde podemos comprar medicina.
- **10** Sinónimo de **sello**.
- **12** Donde se come la cena.
- **13** Donde se venden joyas, broches y aretes.
- **14** Sinónimo de **deseo**.
- **16** Se usa para lavar el pelo.
- **17** Se lleva para adornar.
- **18** De costumbre los turistas compran muchos de éstos.
- **19** El opuesto de **caro**.

VERTICALES

- **1** Donde voy si quiero comprar un libro.
- **2** Alguien con mucho dinero.
- **3** Sinónimo de **cuadra**.
- **4** Donde se corta el pelo.
- **6** El opuesto de **abierto**.
- **7** Lo que se usa para entrar en el cine.
- **9** Sinónimo de **andar**.
- **11** El opuesto de **derecho**.
- **12** Donde se compra la carne.
- **15** La condición de algo que está en el sol por mucho tiempo.

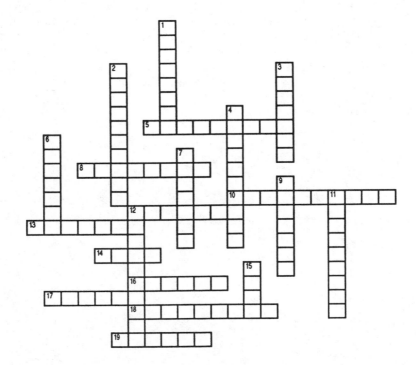

Cuarto repaso

The concepts introduced in Lessons 10-12 are reviewed in the following items. The lesson in which the information is presented is given in parentheses with each item or set of items. If you have learned the concepts well, you will be able to complete each item. If you are not able to answer a particular item, you should go back to the lesson indicated and review that concept.

A *Change the following adjectives to adverbs. (10)*

1 rápido _____

2 feli _____

3 sólo _____

4 usual _____

5 frecuente _____

6 fácil _____

B *Choose between the preterit and imperfect and write the appropriate form of the verb in parentheses. (11)*

1 (trabajar) Antes mi papá _____ en una fábica.

2 (gustar) ¿Te _____ el programa anoche?

3 (hacer) ¿Qué _____ tú cuando eras más joven?

4 (estar) Nosotros _____ en México por tres años.

5 (asistir) ¿Dónde _____ tú a la escuela primaria?

C *Write the absolute superlative of the following adjectives. (11)*

1 importante _____

2 rico _____

3 fácil _____

4 blanco _____

D *Write the appropriate future-tense form according to the subjects indicated. (12)*

1 (estar, tú) ¿A qué hora _____ en casa esta noche?

2 (tener, ustedes) _____ que visitarnos más frecuentemente.

3 (hacer, tú) ¿Qué _____ mañana, ir al partido?

4 (haber) Según el profesor, no _____ clase mañana.

5 (ir, vosotros) ¿A dónde _____ de vacaciones este verano?

E *Write the form of the demonstrative pronoun suggested by the cue. (12)*

1 (*this one, next to the speaker*) _____ es un libro interesantísimo.

2 (*that idea*) _____ de los revolucionarios es difícil de creer.

3 (*those, far away*) _____ son carros muy caros.

F *Write how you would say the following:*

1 I used to study every Saturday. *(10)*

_____

2 Did you (**tú**-form) used to visit your grandparents on Sundays? *(10)*

_____

3 I'm as tall as my dad. *(10)*

_____

4 Do you (**tú**-form) study as much as your classmates? *(10)*

_____

5 I study more than my classmates. *(10)*

_____

6 Their classes are easier than my classes. *(10)*

_____

7 I don't have as much money as my roommate. *(10)*

_____

8 My teacher is better than your (**tú**-form) teacher. *(10)*

_____

9 I met your (**tú**-form) roommate last week. *(11)*

_____

10 Did you (**ustedes**) know there was going to be an exam last Friday? *(11)*

_____

11 My roommate has been attending this university for five years! *(11)*

_____

12 How long ago did you (**tú**-form) come to the university? *(11)*

_____

13 I wonder what she's thinking. *(12)*

_____

14 Shall we go to the movies or study? *(12)*

_____

G *Write complete answers to the following questions according to the cues.*

1 ¿Ibas al cine con tus amigos frecuentemente? (sí) *(10)*

_____

2 ¿De qué color era tu casa? (roja) *(10)*

_____

3 ¿Eres tan inteligente como tu compañero/a de clase? (claro) *(10)*

_____

4 ¿Estudiabas tanto como tus hermanos? (no) *(10)*

_____

5 ¿Te gustaba ir a los partidos de fútbol? (sí) *(10)*

_____

6 ¿Es mejor tu clase de español que la clase de tu amigo? (sí) *(10)*

_____

7 ¿Qué estabas haciendo cuando el profesor/la profesora entró en la clase? (leer) *(11)*

_____

8 ¿Estaba lloviendo esta mañana cuando te despertaste? (sí) *(11)*

_____

9 ¿Pudiste terminar los estudios anoche? (no) *(11)*

_____

10 ¿Dónde conociste al profesor/a la profesora? (en esta clase) *(11)*

_____

11 ¿Quién es el más rico de tus amigos? (Ricardo) *(11)*

_____

12 ¿Es tu cama la peor de todas en el apartamento? (sí) *(11)*

_____

13 De las chicas en la clase, ¿quién es la más alta? (Ana María) *(11)*

_____

14 ¿Hace cuánto tiempo que estudias español? (6 meses) *(11)*

_____

15 ¿Hace cuánto que recibiste la última carta de tu familia? (dos semanas) *(11)*

_____

16 ¿Vendrá el profesor/la profesora a la fiesta esta vez? (sí) *(12)*

_____

17 ¿Qué harás mañana después de despertarte? (bañarme) *(12)*

_____

18 ¿Te gusta más esta clase o la clase de matemáticas? (ésta) *(12)*

_____

19 ¿Dónde se comen tapas? (en el bar) *(12)*

_____

20 ¿Se compra carne en la peluquería? (no, en la **carnicería**) *(12)*

_____

21 ¿Se escribió este libro en 1990? (sí) *(12)*

_____

22 ¿Les escribes a tus padres este fin de semana? (sí) *(12)*

_____

Listening Comprehension Exam

Lecciones 10–12

¿Verdadero o falso?

You will hear five sentences on the tape that are either true or false. If a sentence is true, circle V (verdadero). If it is false, circle F (falso).

1 V   F   2 V   F   3 V   F   4 V   F   5 V   F

¿Lógico o absurdo?

You will hear five pairs of statements or questions and answers. If the two are logically related, circle L (lógico). If they do not go together, circle A (absurdo).

1 L   A   2 L   A   3 L   A   4 L   A   5 L   A

Selección múltiple

You will hear 35 questions with three answer choices for each, only one of which is correct. Circle the letter (A, B, or C) of the correct choice.

1 A B C	8 A B C	15 A B C	22 A B C	29 A B C
2 A B C	9 A B C	16 A B C	23 A B C	30 A B C
3 A B C	10 A B C	17 A B C	24 A B C	31 A B C
4 A B C	11 A B C	18 A B C	25 A B C	32 A B C
5 A B C	12 A B C	19 A B C	26 A B C	33 A B C
6 A B C	13 A B C	20 A B C	27 A B C	34 A B C
7 A B C	14 A B C	21 A B C	28 A B C	35 A B C

Preguntas

You will hear five questions. Write an appropriate response to each one.

1 _____

_____

2 _____

_____

3 _____

_____

4 _____

_____

5 _____

_____

Lección trece

Cintas

¿Lógico o absurdo?

*You will hear ten pairs of statements. If the two statements are logically related, circle **L** (**lógico**). If they do not go together, circle **A** (**absurdo**).*

1 L A	3 L A	5 L A	7 L A	9 L A
2 L A	4 L A	6 L A	8 L A	10 L A

Notas culturales

*You will hear the **notas**, and then a series of statements. If a statement is true in terms of the **nota**, circle **V** (**verdadero**). If it is false, circle **F** (**falso**).*

El tablao flamenco

1 V F	3 V F	5 V F	7 V F
2 V F	4 V F	6 V F	

Madrid de noche

1 V F	2 V F	3 V F	4 V F

Lectura

*You will hear the **lectura**, and then a series of statements. If a statement is true according to the **lectura**, circle **V** (**verdadero**). If it is false, circle **F** (**falso**).*

1 V F	3 V F	5 V F	7 V F	9 V F
2 V F	4 V F	6 V F	8 V F	10 V F

Narración

You will hear the **narración**, and then a series of statements. If a statement is true in terms of the **narración**, circle V (**verdadero**). If it is false, circle F (**falso**).

1 V F		3 V F		5 V F		7 V F		9 V F	
2 V F		4 V F		6 V F		8 V F		10 V F	

Procesamiento de palabras

1. Verbos regulares en el condicional

A Supply the appropriate conditional form of the verb in the following questions.

1 (ser) ¿ __Sería__ usted presidente del club?

2 (comprar) ¿ _____ él un nuevo Porsche?

3 (visitar) ¿ _____ Felipe a nosotros?

4 (dormir) ¿ _____ tú hasta el mediodía?

5 (vivir) ¿ _____ ellos en la ciudad?

6 (comer) ¿ _____ ustedes en el restaurante del hotel?

7 (hablar) ¿ _____ usted con la profesora?

8 (conocer) ¿ _____ tú a todos los profesores?

9 (tocar) ¿ _____ Doris el piano en la reunión?

10 (traer) ¿ _____ Manolo a sus amigos?

11 (entrar) ¿ _____ nosotros en esa casa?

12 (trabajar) ¿ _____ tú en esa fábrica (*factory*)?

B In the following sentences, change verbs in the present tense to the past and verbs in the future to the conditional.

1 Dicen que volverán mañana.

___Dijeron___ que __volverían__ mañana.

2 Mi novio dice que estará en el parque después de la clase.

Mi novio _____ que _____ en el parque después de la clase.

3 Prometes que hablarás español con nosotros.

_____ que _____ español con nosotros.

4 Digo que ganaremos el partido.

_____ que _____ el partido.

5 Carmen dice que Sonia no cantará en el programa.

Carmen _____ que Sonia no _____ en el programa.

6 Le digo a la profesora que llevaré los exámenes a su oficina.

Le _____ a la profesora que _____ los exámenes a su oficina.

7 El periódico indica que nevará por la tarde.

El periódico _____ que _____ por la tarde.

8 Feliza dice que conocerá Milano y París.

Feliza _____ que _____ Milano y París.

2. *Verbos con raíces irregulares* en el condicional

A *Change the present-tense verbs in the main clause to the past and the verbs in the dependent clause to the conditional.*

1 Mis padres dicen que pueden venir a visitarme.

Mis padres __**dijeron**__ que __**podrían**__ venir a visitarme.

2 Prometo que me pongo el sobretodo.

_____ que me _____ el sobretodo.

3 El profesor dice que hay examen después de la lección.

El profesor _____ que _____ examen después de la lección.

4 Mi compañero promete que dirá la verdad.

Mi compañero _____ que _____ la verdad.

5 Los estudiantes prometen que harán las tareas.

Los estudiantes _____ que _____ las tareas.

B *Give the Spanish equivalent.*

1 You would have to ask my father.

   __**Tendría que preguntarle a mi papá.**__

2 I wouldn't have her patience.

_____

3 You (Tú) wouldn't say that again, right?

_____

4 These earrings would be worth more in the United States.

_____

5 He said there would be a party for my birthday.

_____

6 He said he would tell everything.

_____

3. El condicional en peticiones corteses

Soften the request in the following sentences by changing the verb to the conditional.

1 ¿Puede usted ayudarme?

¿__**Podría**__ usted ayudarme?

2 ¿Me pasa usted la leche?

¿Me _____ usted la leche?

3 ¿Me prestas un lápiz?

¿Me _____ un lápiz?

4 ¿Nos pide un taxi?

¿Nos _____ un taxi?

5 Ustedes deben llegar más temprano.

Ustedes _____ llegar más temprano.

6 ¿Nos pueden dar unos minutos más?

¿Nos _____ dar unos minutes más?

7 ¿Me permites pasar?

¿Me _____ pasar?

4. El condicional para expresar probabilidad en el pasado

Respond that you "don't know," then mention the information supplied by the cue, using a verb in the conditional to indicate probability in the past.

1 ¿Qué hora era cuando ella volvió del baile? (las doce)

___**No sé, serían las doce cuando volvió.**___

2 ¿Dónde estaba Carlos? (en España)

_____

3 ¿En qué siglo murió Napoleón? (el siglo pasado)

_____

4 ¿Quién era ese señor? (el embajador)

_____

5 ¿Qué hora era cuando comenzó el partido? (las siete y media)

_____

6 ¿Dónde estuvo tu sobretodo? (en el autobús)

_____

7 ¿Cuál era su tío? (el gordo)

_____

8 ¿Por qué vinieron los deportistas? (para jugar)

_____

9 ¿A qué hora comenzó la fiesta? (a la una)

_____

10 ¿Adónde fue el profesor? (a casa)

_____

11 ¿Qué compró Juan Carlos con el dinero? (un regalo para su novia)

_____

12 ¿Quién fue esa chica bonita? (estudiante de otra universidad)

_____

5. Usos de **por** y **para**

A *Fill in the blanks with either* **por** *or* **para** *as the context requires.*

1 Estudio mucho __**para**__ aprender español.

2 ¡No estarás lista _____ las siete!

3 Tito salió _____ pan.

4 Este pequeño regalo es _____ ti.

5 Vivimos allí _____ el mercado.

6 Pagué demasiado _____ ese carro.

7 Le hablé a Luisa _____ más de una hora.

8 Pasaré mañana _____ la noche.

9 _____ profesora, es muy simpática.

10 La función terminará _____ las diez.

11 Me tomaron _____ mexicano.

12 Saldremos _____ la plaza después de la siesta.

13 No quizo hacerlo _____ celos.

14 Mi amiga no puede trabajar hoy. Voy a trabajar _____ ella.

15 No tengo tiempo _____ divertirme en el campo.

B *Give the Spanish equivalent.*

1 I thought he would call me by 8 o'clock.

   Creía que él me llamaría para las ocho.

2 How much did you (**tú**) pay for those tickets?

_____

3 At least we don't have to look for a hotel.

_____

4 He works for my uncle's company.

_____

5 For now, we're all right.

_____

6 I came to the university (in order) to study medicine.

_____

7 Tomorrow afternoon we'll leave for Mazatlán.

_____

8 Is there a post office around here?

_____

6. Se *reflexivo como sujeto impersonal*

Rewrite each question, using **se** *as a non-personal subject.*

1 ¿Dónde puede uno comprar pan?

   ¿Dónde se puede comprar pan?

2 ¿Por qué estudia uno en la biblioteca?

_____

3 ¿Dónde hablan alemán?

_____

4 ¿Bailan aquí todos los sábados?

_____

5 ¿Cuándo puede uno jugar?

_____

6 ¿Dónde preparan esa comida?

_____

7 ¿Por dónde sale uno?

_____

8 ¿Cómo sabe uno si es la verdad?

_____

7. El subjuntivo – repaso y práctica

Give the Spanish equivalent.

1 I hope someone will call me tonight.

_____

2 My roommates want me to prepare dinner.

_____

3 I doubt they will help me.

_____

4 I'm going to ask Miguel to eat with us.

_____

5 They say they want me to invite him.

_____

8. Resumen

Choose the appropriate verb and write in the correct form.

1 (ser/ entender/ venir) Ella prometió que _____ temprano.

2 (deber/ pescar/ usar) ¿Por qué no se _____ aquí?

3 (hacer/ tomar/ deber) Usted _____ tener más cuidado.

4 (llegar/ ser/ estar) Es difícil decir a qué hora vinimos, pero _____ las once, más o menos.

5 (levantar/ conocer/ pensar) Mi compañero dijo que se _____ temprano.

6 (venir/ ir/ vender) Yo no dije que le _____ mi coche.

7 (estar/ prometer/ ser) No sé por qué no vino anoche. _____ con sus amigos en el centro.

8 (querer/ preferir/ gustar) No quiero ir solo. ¿Te _____ ir conmigo?

9 (tocar/ estar/ convencer) ¿En qué país (*country*) se _____ ese instrumento?

10 (gustar/ olvidar/ buscar) Yo no sabía qué comprarle. Entonces ella dijo que ella misma (*she herself*) _____ algo.

Expresión individual

9. Complete las frases

1 Alberto no puede trabajar hoy. Voy a trabajar _____.

2 Irías al cine _____.

3 Me dijo que _____.

4 ¿Qué hora _____?

5 _____ por la noche.

10. Forme preguntas

1 Sí, yo le hablaría.

¿_____?

2 No, yo no dije que iría en autobús.

¿_____?

3 Ella estaría en casa.

¿_____?

4 Salgo para México mañana.

¿_____?

5 Yo iría a España.

¿_____?

11. Preguntas personales

Answer each question with a complete sentence.

1 ¿Podrías decirme dónde está el correo?

_____

2 ¿Qué verían ustedes en Madrid?

_____

3 ¿Trabajarías en Sudamérica?

_____

4 ¿Te prometió tu novio/a que te llamaría anoche?

_____

5 ¿Qué harías con mucho dinero?

_____

6 ¿Para qué viniste a esta universidad?

_____

7 ¿Dijiste que estudiarías más este semestre?

_____

8 ¿A qué hora volvió tu compañero/a de cuarto anoche?

_____

9 ¿Cuánto pagaste por esos zapatos?

_____

10 ¿Qué le prometiste a tu compañero/a que harías esta noche?

_____

12. Composición

Write five sentences about what you would do this weekend with more money.

_____

_____

_____

_____

_____

_____

_____

_____

_____

Vocabulario

Crucigrama

Complete the **crucigrama** as suggested by the cues, using vocabulary items from Lesson 13. Use all capital letters, without accent marks.

HORIZONTALES

5 Algo que es muy importante para los deportistas.
9 Significa **dar consejos**.
11 Necesarios para entrar en un partido.
13 Donde la comida se prepara.
15 Un espacio de tiempo muy corto.
16 Uno que vive en la próxima casa.
17 Se usa cuando uno quiere preparar un plato especial.
18 Donde se baila el flamenco.
19 Los años que tiene uno.

VERTICALES

1 Una medida de distancia.
2 Después de primero.
3 Quiere decir **cien años**.
4 Donde se compran estampillas.
6 Algo de color negro que se vende por mucho dinero.
7 Sinónimo de **oración**.
8 El dinero de España.
10 Un poco de tiempo.
12 Lo que se hace por avión.
13 Uno que canta.
14 Lo que sienten los novios.

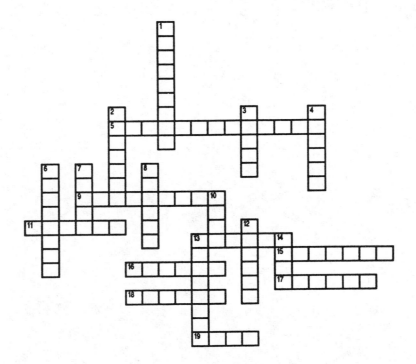

Lección catorce

Cintas

¿Lógico o absurdo?

You will hear ten pairs of statements. If the two statements are logically related, circle **L** *(lógico). If they do not go together, circle* **A** *(absurdo).*

| 1 L A | 3 L A | 5 L A | 7 L A | 9 L A |
| 2 L A | 4 L A | 6 L A | 8 L A | 10 L A |

Notas culturales

You will hear the **notas,** *and then a series of statements. If a statement is true in terms of the* **nota,** *circle* **V** *(verdadero). If it is false, circle* **F** *(falso).*

El seguro social; parteras y curanderas

| 1 V F | 2 V F |

La farmacia, la botica y la botánica

| 1 V F | 3 V F | 5 V F |
| 2 V F | 4 V F | 6 V F |

Lectura

You will hear the **lectura,** *and then a series of statements. If a statement is true according to the* **lectura,** *circle* **V** *(verdadero). If it is false, circle* **F** *(falso).*

| 1 V F | 3 V F | 5 V F | 7 V F |
| 2 V F | 4 V F | 6 V F | 8 V F |

Narración

You will hear the **narración**, and then a series of statements. If a statement is true in terms of the **narración**, circle **V** (**verdadero**). If it is false, circle **F** (**falso**).

1 V F	3 V F	5 V F	7 V F	9 V F
2 V F	4 V F	6 V F	8 V F	10 V F

Procesamiento de palabras

1. El participio pasado – las formas regulares e irregulares

Give the past participle of the following verbs.

1 (salir)	**salido**	11 (creer)
2 (regresar)		12 (hacer)
3 (responder)		13 (trabajar)
4 (romper)		14 (decir)
5 (divertir)		15 (morir)
6 (fumar)		16 (venir)
7 (ser)		17 (poner)
8 (ver)		18 (almorzar)
9 (tener)		19 (volver)
10 (abrir)		20 (escribir)

2. El pretérito perfecto

A Answer the following questions in the affirmative, using the present-perfect tense.

1 ¿Estudiaron ellos?

   Sí, han estudiado.

2 ¿Te dieron la dirección?

_____

3 ¿Cantó su hermana con un grupo famoso?

_____

4 ¿Trajo su libro a la clase el profesor?

_____

5 ¿Te visitaron tus padres esta semana?

_____

6 ¿Volvió tu compañero/a a casa hoy?

_____

7 ¿Pagasteis la cuenta?

_____

8 ¿Vieron ustedes esa película?

_____

9 ¿Les escribiste una carta a tus padres?

_____

10 ¿Hicieron ustedes las tareas de la clase?

_____

B *Answer the following questions in the negative, following the model.*

1 ¿Vas a afeitarte?

   No, porque ya me he afeitado.

2 ¿Va a visitarnos el médico?

_____

3 ¿Vas por pan?

_____

4 ¿Vas a llamar a tu novio/a?

_____

5 ¿Nos va a escribir el Presidente?

_____

6 ¿Va a haber fiesta esta noche?

_____

7 ¿Vas a abrir la puerta?

_____

8 ¿Vas a hacer las tareas?

_____

9 ¿Van a ver esa película ustedes?

_____

10 ¿Van a volver más tarde los señores García?

_____

3. El pluscuamperfecto

Answer each question as suggested by the cue, using the pluperfect tense.

1 ¿Qué dijo David? (tomar un par de cervezas)

   Dijo que había tomado un par de cervezas.

2 ¿Qué dijo Susana? (no sufrir de anorexia)

_____

3 ¿Qué dijeron los dos? (no comer nada)

_____

4 ¿Qué dijiste? (no oír del accidente)

_____

5 ¿Qué dijo David? (no tomar un montón de pastillas)

_____

6 ¿Qué dijiste? (traerle un regalo a Susana)

_____

7 ¿Qué dijeron tus amigos? (venir a visitarte)

_____

8 ¿Qué dijo tu compañero/a de cuarto? (no ir de compras)

_____

4. El futuro perfecto

Although the future-perfect tense is not formally presented in the text, it is needed occasionally to express what will have or probably has taken place by a given time in the future. The future-perfect tense is formed by combining the future of the auxiliary verb **haber** with a past participle.

A _Answer the following questions in the negative, using the future-perfect tense._

1 ¿Ha llegado el médico?

   No, no habrá llegado todavía.

2 ¿Ha recibido el dinero de sus padres tu compañero/a de cuarto?

_____

3 ¿Hemos estudiado esta lección?

_____

4 ¿Ha venido tu novio/a?

_____

B *Answer the following questions in the affirmative, using the future-perfect tense.*

1 ¿Vas a aprender esta lección esta noche?

   <u>Sí, para esta noche ya habré aprendido esta lección.</u>

2 ¿Va a hablar tu compañero/a de clase con el profesor/la profesora esta tarde?

_____

3 ¿Van a salir de vacaciones el sábado tus padres?

_____

4 ¿Van a volver ustedes el dos de enero?

_____

5. El potencial compuesto

The conditional-perfect tense is formed by combining the conditional of the auxiliary verb **haber** with a past participle. It is used to express what would have or probably had happened in the past.

Answer the following questions in the negative, using the conditional-perfect tense.

1 El médico no le habría hablado más a David, ¿y tú?

   <u>No, yo no le habría hablado más tampoco.</u>

2 Yo no habría ido al concierto, ¿y ustedes?

_____

3 Nosotros no habríamos llamado al médico, ¿y tú?

_____

4 Mi padre no habría creído eso, ¿y tu padre?

_____

5 Yo no me habría casado con ese muchacho/esa muchacha, ¿y tú?

_____

6. Adjetivos posesivos – formas enfáticas

Answer in the affirmative, using the long form of the possessive adjectives.

1 Esa chica, ¿es amiga de ti?

   Sí, es una amiga mía.

2 Ese joven, ¿es amigo de ella?

_____

3 Esos chicos, ¿son amigos de nosotros?

_____

4 Esa señora, ¿es profesora de ellos?

_____

5 Ese muchacho, ¿es novio de tu hermana?

_____

6 Esos señores, ¿son profesores de ustedes?

_____

7 Esos jóvenes, ¿son amigos de tu compañero/a de cuarto?

_____

8 Estas chicas, ¿son amigas de ustedes?

_____

7. Pronombres posesivos

A *Complete the sentences, using the appropriate possessive pronouns and articles if needed.*

1 (de ti) Aquí está mi lápiz, pero no sé dónde está **el tuyo**.

2 (de mí) Yo conozco a tus padres, pero tú no conoces a _____.

3 (de usted) Este pasaporte es mío, y ese pasaporte es _____.

4 (de nosotros) Ustedes están en la clase de ellos, y sus amigos están en _____.

5 (de ellos) Me gustan los sombreros nuestros, pero no me gustan _____.

6 (de mí) Los otros estudiantes tienen sus boletos, pero nadie ha visto _____.

7 (de ti) Tengo mis problemas, y tú tienes _____.

B *Complete the sentences, using possessive pronouns appropriate to the subjects of the verbs.*

1 ¿Quiénes tienen sus libros?

   Yo tengo **los míos**, pero ellos no tienen **los suyos**.

2 ¿Tienen ustedes los regalos para la fiesta?

Yo tengo _____ y creo que los otros tienen _____ .

3 ¿Dónde dejaron sus libros?

Yo dejé _____ en el cuarto, y Olivia dejó _____ en
la biblioteca.

4 ¿Quiénes tienen pasaportes?

Tú tienes _____ , pero yo he perdido _____ .

5 ¿Cuándo compraron sus boletos?

Yo compré _____ hace una hora, pero Tomás compró

_____ hace dos días.

C *Clarify the following sentences, using the alternate third-person possessive form and incorporating the information in the cues.*

1 El suyo es más grande. (el señor Torres)

__**El del señor Torres**__ es más grande.

2 Aquí están las suyas. (ellas)

Aquí están _____ .

3 Los suyos son muy caros. (mamá)

_____ son muy caros.

4 No vinieron las suyas. (el joven)

No vinieron _____ .

5 Este carro es suyo. (ustedes)

Este carro es _____ .

8. Resumen

Write the correct response in the blank.

1 ¿Conoces a mi hermana? No, no la he _____ .

  a) conocida   b) conocido   c) conocí

2 Le expliqué que yo _____ estudiado antes de ir a la fiesta.

  a) había   b) he   c) haber

3 Yo no _____ comido antes de salir para la universidad.

  a) ha   b) había   c) habrías

4 No tengo mi diccionario. ¿Tienes _____ ?

    a) el suyo   b) el tuyo   c) tuyo

5 No puedo conducir el auto. No _____ lecciones de conducir.

    a) he recibido   b) hemos estudiado   c) he conducido

6 ¡Ah, me gustan mucho tus botas! ¿Te gustan _____ ?

    a) las mías   b) el mío   c) mías

7 No sé de quién son estos guantes. ¿Son _____ ?

    a) tus   b) tuyos   c) los tuyos

8 Estoy tan ocupado que no le _____ a nadie.

    a) he escrito   b) has escrito   c) escribió

9 —¿Viste esa película?

    — No, no _____ .

    a) la vio   b) la he visto   c) la había visto

10 ¿ _____ antes?

    a) Te has desmayado   b) Te ha desmayado   c) Le has desmayado

---

Expresión individual

9. Complete las frases

1 Yo tengo mis pastillas. Él _____.

2 Mi camisa es bonita. _____ es bonita también.

3 Ahora me siento _____.

4 A mí _____.

5 _____ enfermo.

10. Forme preguntas

1 Sí, me duele mucho.

    ¿_____?

2 No, no lo sabía.

    ¿_____?

3 No, no me han puesto inyecciones.

¿_____?

4 Sí, ya habían salido cuando yo llegué.

¿_____?

5 Sí, ya la había abierto.

¿_____?

11. Preguntas personales

Answer each question with a complete sentence.

1 ¿Qué has aprendido en la clase?

_____

2 ¿Te han gustado tus estudios este año?

_____

3 ¿Cuánto hace que no visitas a un enfermo en el hospital?

_____

4 ¿Has seguido una dieta antes?

_____

5 Antes de empezar este semestre, ¿habías estudiado español?

_____

6 Cuando se habla de familias, ¿qué dices de la tuya?

_____

7 ¿Cuántas veces has ido al dentista este año?

_____

8 Con más dinero, ¿viajarías a España este verano?

_____

9 ¿Qué haces cuando estás cansado/a?

_____

10 ¿Has descubierto algo nuevo este año?

_____

12. Composición

Write five sentences about an accident you or your friends have had. Make something up if you prefer.

_____

_____

_____

_____

_____

_____

_____

_____

_____

Vocabulario

Crucigrama

Complete the **crucigrama** *as suggested by the cues, using vocabulary items from Lesson 14. Use all capital letters, without accent marks.*

HORIZONTALES

3. Sinónimo de **descanso**.
9. Encontrar algo nuevo.
11. Donde uno va para ver al médico.
12. Manera popular de cocinar papas.
14. Lo que se arregla con la recepcionista.
16. Significa **muy grande**.
19. Consiste de muchos árboles.

VERTICALES

1. Similar a **secretario/a**.
2. Uno que examina los ojos.
4. Persona que visita al médico.
5. La condición de uno que no es fuerte.
6. Documento que se usa cuando uno viaja al extranjero.
7. Se sufre mucho en la primavera.
8. Sinónimo de **no interesado**.
9. Otra palabra que quiere decir **medicina**.
10. Lo que tiene uno cuando no se siente bien de salud.
13. Una manera de dar medicina.
15. Sinónimo de **entusiástico**.
17. Se encuentra en la boca.
18. Se dice de uno que no está enfermo.

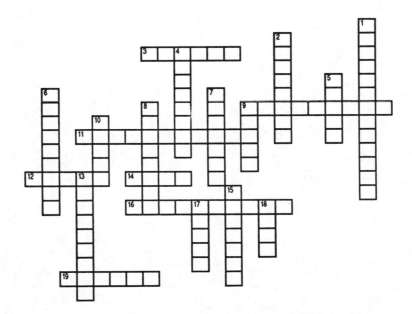

Lección quince

Cintas

¿Lógico o absurdo?

You will hear ten pairs of statements. If the two statements are logically related, circle L (lógico). If they do not go together, circle A (absurdo).

1 L A	3 L A	5 L A	7 L A	9 L A
2 L A	4 L A	6 L A	8 L A	10 L A

Notas culturales

*You will hear the **notas**, and then a series of statements. If a statement is true in terms of the **nota**, circle V (verdadero). If it is false, circle F (falso).*

Heulga de estudiantes

1 V F   2 V F   3 V F

Hasta el cuello en deudas

1 V F   2 V F

El papa y la violencia

1 V F   2 V F   3 V F   4 V F   5 V F

Las ásperas sangres del terror

1 V F   2 V F   3 V F

Lectura

*You will hear the **lectura**, and then a series of statements. If a statement is true according to the **lectura**, circle V (verdadero). If it is false, circle F (falso).*

1 V F	3 V F	5 V F	7 V F
2 V F	4 V F	6 V F	8 V F

Narración

*You will hear the **narración**, and then a series of statements. If a statement is true in terms of the **narración**, circle V (**verdadero**). If it is false, circle F (**falso**).*

1 V F	3 V F	5 V F	7 V F	9 V F
2 V F	4 V F	6 V F	8 V F	10 V F

Procesamiento de palabras

1. La expresión de deseos, peticiones y sentimientos — el modo subjuntivo en cláusulas sustantivas (continuación)

A *Form a single sentence from the parts given, using the present subjunctive.*

1 Rafael viene mañana. Pedimos que . . .

   Pedimos que Rafael venga mañana.

2 Mi novio/a me compra un regalo para la Navidad. Quiero que . . .

_____

3 Visitamos a la familia. Mi mamá quiere que . . .

_____

4 El gobierno no aumenta los salarios. Los trabajadores prefieren que . . .

_____

5 Limpio mi cuarto. Mi compañero/a espera que . . .

_____

6 Alguien me presta un lápiz. Pido que . . .

_____

7 Le compramos la medicina. Mi compañero/a de cuarto necesita que . . .

_____

8 Nos prestan unos libros. Dígales que . . .

_____

9 No les escribo mucho. Sienten que . . .

_____

10 Los comprendemos bien. Quieren que . . .

_____

B *Respond in the negative, using the cue as the subject of the noun clause.*

1 ¿Quiere Elena ver la televisión? (que ustedes)

 No, Elena quiere que ustedes vean la televisión.

2 ¿Prefiere Héctor trabajar para *El Mercurio*? (que los otros)

_____

3 ¿Quiere el profesor/la profesora leer las instrucciones? (que nosotros)

_____

4 ¿Insiste mamá en tomar las pastillas? (que yo)

_____

5 ¿Prefieres preparar la cena? (que tú)

_____

2. El presente de subjuntivo — verbos irregulares (continuación)

A *Fill in the blank with the correct present-subjunctive form of the verb indicated.*

1 (traer) Espero que ella __**traiga**__ la música.

2 (venir) Quiero que ustedes _____ en seguida.

3 (dar) ¿Quieres que yo te _____ mi dirección?

4 (poner) ¿Dónde quieren ustedes que yo _____ estas cosas?

5 (traducir) Dígales que lo _____ ahora.

6 (hacer) ¿Qué quieren ustedes que nosotros _____ en clase?

7 (oír) Dudo que él nos _____ bien.

8 (ir) Quiero que usted _____ al partido conmigo.

9 (pagar) Pídale a ella que _____ la cuenta.

10 (conocer) Quiero que tú _____ a mi hermano.

B *Complete the sentences, changing the verbs from the present indicative to the present subjunctive.*

1 Él dice que yo salgo.

 Él manda que yo __**salga**__ .

2 Él dice que yo hago el trabajo.

 Él manda que yo _____ el trabajo.

3 Él dice que yo lo traduzco bien.

Él quiere que yo lo _____ bien.

4 Él dice que yo voy al cine.

Él prohíbe que yo _____ al cine.

5 Él dice que yo soy bueno.

Él espera que yo _____ bueno.

6 Él dice que yo conozco a su primo.

Él desea que yo _____ a su primo.

7 Él dice que le doy el dinero.

Él quiere que le _____ el dinero.

3. El presente de subjuntivo de verbos que cambian la raíz

A *Choose the appropriate verb and write the correct form in the blank.*

1 (doler/volver) Nuestros padres quieren que nosotros __**volvamos**__ el sábado.

2 (cerrar/volar) ¿Quiere usted que yo _____ las ventanas?

3 (poder/pedir) Siento que ustedes no _____ ir también.

4 (probar/entender) Dudamos que ellos _____ bien.

5 (seguir/sentir) Mis padres quieren que yo _____ otra carrera.

B *Complete the sentences, using the present subjunctive of the verb indicated in the cue.*

1 (entender) El profesor/La profesora espera que nosotros __**entendamos**__ las lecciones.

2 (cerrar) ¿Quién prohíbe que nosotros _____ la puerta?

3 (dormir) Mi compañero/a me aconseja que _____ ocho horas cada noche.

4 (perder) No conviene que nosotros _____ el partido.

5 (volver) El profesor/La profesora se alegra de que tú _____ a los estudios.

6 (sentir) El médico prefiere que yo no _____ dolor.

7 (seguir) Él quiere que nosotros le _____ pagando dinero.

8 (pedir) Mis amigos no quieren que yo les _____ favores.

4. El presente de subjuntivo con ojalá

Write complete sentences using the information given.

1 Ojalá – Roberto – prestarme – zapatos – marrones

   __Ojalá que Roberto me preste sus zapatos marrones.__

2 Ojalá – ellos – comprar – casa – amarilla

_____

3 Ojalá – él – darme – flor – rosada

_____

4 Ojalá – ella – vendernos – carro – negro

_____

5 Ojalá – él – gustar – camisa – azul

_____

5. ¿El infinitivo o el subjuntivo?

Give the Spanish equivalent of the following. Use **tú** *to translate "you."*

1 I want to dance.

   Quiero bailar.

2 I want you to dance.

   Quiero que bailes.

3 I want you to buy me some red shoes.

_____

4 I want to buy you a white shirt.

_____

5 We hope to go with you to the football game.

_____

6 We hope you will go with us to the movies.

_____

7 He's sorry she can't go out with him.

_____

8 She's sorry she can't go out with him, too.

_____

9 We want to sing in the program.

_____

10 They want us to sing in the program.

_____

6. El subjuntivo o el indicativo en la cláusula sustantiva

A *Fill in the blanks with either the present indicative or the present subjunctive of the verbs given in the cues as appropriate.*

1 (poder) Dudo que ellos __puedan__ comprarlo.

2 (ayudar) Pídele que te _____ .

3 (venir) Estoy seguro que ella no _____ hasta mañana.

4 (ir) Dicen que ellos nos _____ a vender los boletos.

5 (saber) No quiero que ellos _____ la dirección de mi casa.

6 (salir) Yo sé que mi novio no _____ con otras chicas.

7 (tener) Siento que ustedes _____ que oír estas palabras.

8 (dar) Prometo que yo les _____ el dinero mañana.

9 (contestar) Ojalá que ella me _____ que sí.

B *In the blank write the word that completes each sentence correctly.*

1 Piden que ustedes __toquen__ en la orquesta.

    a) tocar   b) tocan   c) toquen

2 Queremos _____ español en la clase.

    a) hablar   b) hablamos   c) hablemos

3 Dudo que tú me _____ .

    a) comprender   b) comprendes   c) comprendas

4 Yo quiero _____ en la biblioteca.

    a) estudiar   b) estudio   c) estudie

5 Quiero que tú _____ en la biblioteca también.

    a) estudiar   b) estudias   c) estudies

6 A nadie le gusta que _____ tarde.

    a) llegar   b) lleguemos   c) llegamos

7 Prefiero que ustedes _____ el libro hoy.

    a) terminar   b) terminan   c) terminen

8 Ojalá que _____ ver esa película.

    a) poder   b) podamos   c) podemos

9 Sentimos que ella _____ enferma ahora.

    a) esté   b) está   c) estar

10 Quieren que nosotros _____ antes del partido.

    a) descansar   b) descansamos   c) descansemos

11 ¿No quieres _____ un carro morado?

    a) tener   b) tengo   c) tenga

7. Resumen

Choose the appropriate verb and write the correct form in the blank.

1 (apurar/perder/traer) Ojalá que ellos no _____ el partido.

2 (pensar/oír/pedir) Yo _____ ver el campeonato.

3 (parecer/acompañar/servir) ¿Dudas que Lisa nos _____ a celebrar?

4 (preferir/saber/venir) Espero que ella _____ con los otros a la fiesta.

5 (comprar/terminar/estar) Prefiero que él me _____ esa flor rosada.

6 (lustrar/cerrar/llegar) Ellos no _____ la tienda hasta las ocho.

7 (haber/seguir/convenir) Dudo que _____ tiempo para una fiesta.

8 (tratar/componer/dejar) Siento que el redactor no me _____ mejor.

9 (alegrar/deber/estar) Ojalá que ella _____ contenta.

10 (ayudar/comer/poder) Espero _____ un sandwich antes de ir al partido.

Expresión individual

8. Complete las frases

1 Ojalá _____.

2 No quiero que _____.

3 ¿Dudan ustedes que _____?

4 Queremos que el profesor/la profesora _____.

5 La escuela prohíbe que _____.

9. Forme preguntas

1 Sí, quiero que él haga el trabajo.

    ¿_____?

2 No, no me gusta que canten.

¿_____?

3 Sí, prefiero que vuelvan hoy.

¿_____?

4 No, no quiero que nos acompañe a la fiesta.

¿_____?

5 Sí, sabemos que hay examen esta semana.

¿_____?

10. Preguntas personales

Answer each question with a complete sentence.

1 ¿Quieres que sigamos las negociaciones con Moscú?

_____

2 ¿Esperas que tu compañero/a prepare la cena esta noche?

_____

3 ¿Quieres tomar algo ahora?

_____

4 ¿Siente el profesor/la profesora que todos los estudiantes no asistan a la clase?

_____

5 ¿Esperas viajar por España algún día?

_____

6 ¿Quieres que la clase termine temprano mañana?

_____

7 ¿Le gusta al profesor/a la profesora que los estudiantes se duerman en la clase?

_____

8 ¿Te gusta que los trabajadores hagan huelgas?

_____

9 ¿Quieres que llueva mañana?

_____

10 ¿Qué quieres que te explique el profesor/la profesora?

_____

11. Composición

Write five sentences about what you want, prefer, or order your roommates, parents, or instructor to do.

_____

_____

_____

_____

_____

_____

_____

_____

Crucigrama

Complete the **crucigrama** as suggested by the cues, using vocabulary items from Lesson 15. Use all capital letters, without accent marks.

HORIZONTALES

2 Sinónimo de **estudiante**.
5 Llegar a ser más grande.
8 Uno que está en la cárcel.
10 Estado de tranquilidad.
14 Lo que tiene uno si le debe dinero a otra persona.
15 Escribir un libro en otro idioma.
17 Lo que gana un trabajador en un día de trabajo.
18 Se dice de uno que no cree con facilidad (*ease*).
19 Lo que quiere hacer la policía al criminal.
20 El opuesto de **subir**.

VERTICALES

1 Dos de estos forman un todo.
3 Otra palabra que significa **trabajador**.
4 Organización para la defensa de los intereses de los trabajadores.
6 Sinónimo de **nación**.
7 Consta de varias frases.
9 El opuesto de **abrir**.
11 Uno que ayuda a otro.
12 Lo que buscamos cuando vamos de compras.
13 Donde se hacen periódicos y libros.
16 Lo que resulta cuando los trabajadores no trabajan.

Quinto repaso

The concepts introduced in Lessons 13-15 are reviewed in the following items. The lesson in which the information is presented is given in parentheses with each item or set of items. If you have learned the concepts well, you will be able to complete each item. If you are not able to answer a particular item, you should go back to the lesson indicated and review that concept.

A *Rewrite each sentence, changing the present-tense verb to the past and the future to the conditional. (13)*

1 La profesora dice que habrá examen el viernes.

_____

2 Te prometo que no vendré tarde.

_____

3 Mi compañero/a de cuarto dice que preparará la cena esta noche.

_____

4 Digo que te escribiré a menudo.

_____

B *Choose either* **por** *or* **para**. *(13)*

1 No pude encontrar nada _____ el cumpleaños de mi hermana.

2 _____ norteamericano/a, tú hablas muy bien el español.

3 ¿Cuánto le diste al vendedor _____ ese broche?

4 ¿Comes _____ vivir o vives _____ comer?

5 ¡Estuvimos en la aduana _____ más de dos horas!

C *Fill in the blank with the appropriate long-form possessive adjective. (14)*

1 ¿Son tus zapatos? No, no son zapatos _____.

2 ¿Es ella la profesora de ustedes? Sí, es profesora _____.

3 ¿Es ése el carro de tu compañero/a de cuarto? Sí, es el carro _____.

D *Complete the sentences with the appropriate possessive pronouns. (14)*

1 (*mine*) Usted tiene sus libros, pero yo no tengo _____.

2 (*hers*) Yo sé que tu sobretodo está aquí pero no sé dónde está _____.

3 (*yours*) Hemos recibido nuestros pasaportes. ¿No has recibido _____?

4 (*ours*) ¿Son de ellos estos boletos o son _____?

E *Write how you would say the following:*

1 Without money from my parents I wouldn't be able to attend the university. *(13)*

_____

2 Did you (**tú**-form) say you would go to the party? *(13)*

_____

3 My roommate was probably asleep when you (**tú**-form) called her/him last night. *(13)*

_____

4 I wonder where the professor was during class yesterday. *(13)*

_____

5 Is Spanish spoken in class? *(13)*

_____

6 Is there a barbershop around here? *(13)*

_____

7 We haven't won a game! *(14)*

_____

8 Have you (**tú**-form) done your homework? *(14)*

_____

9 Have you (**ustedes**) seen my new car? *(14)*

_____

10 Before meeting my roommate, I hadn't known any Chileans. *(14)*

_____

_____

11 Did Susana say she had suffered from anorexia? *(14)*

_____

12 I have my books, but Ricardo doesn't have his. *(14)*

_____

13 This overcoat is the professor's. *(14)*

_____

14 My roommate wants me to go with him/her to the store. *(15)*

_____

15 Tell (**tú**-form) Mariana to go with her. *(15)*

_____

16 Do you (**ustedes**) doubt we'll be able to finish the book? *(15)*

_____

17 Do they (**ellos**) want us to bring the drinks? *(15)*

_____

18 I'm sorry you (**ustedes**) can't come with us. *(15)*

_____

19 My parents prefer that I study medicine. *(15)*

_____

20 I hope (**Ojalá**) you'll (**tú**-form) be able to help me with my homework tonight. *(15)*

_____

21 We want you (**ustedes**) to sing with us on the program. *(15)*

_____

22 We want to sing some country western songs. *(15)*

_____

F *Write complete answers to the following questions according to the cues.*

1 ¿Prometiste que harías toda la tarea de esta lección? (sí) *(13)*

_____

2 Con más dinero, ¿irías a Europa? (no) *(13)*

_____

3 En otra clase, ¿tendrías que estudiar tanto como estudias en ésta? (no) *(13)*

_____

4 Cuando visitaste a México, ¿te tomaron por mexicano/a? (no) *(13)*

_____

5 ¿Dónde se habla alemán? (Alemania) *(13)*

_____

6 ¿Se puede estudiar bien en tu apartamento? (no) *(13)*

_____

7 ¿Has conocido a mi compañero/a de cuarto? (no) *(14)*

_____

8 ¿Dijeron ustedes que habían estudiado esto antes? (sí) *(14)*

_____

9 ¿Habías leído esta lección antes de venir a la clase? (claro) *(14)*

_____

10 Yo tengo mi tarea. ¿Tienes la tuya también? (sí) *(15)*

_____

11 ¿Cuándo quieres que tomemos el examen final? (nunca) *(15)*

_____

12 ¿Dudas que todos los estudiantes puedan pasar el examen? (sí) *(15)*

_____

13 ¿Qué carrera quieren tus padres que sigas? (arquitectura) *(15)*

_____

14 ¿Quieres ir al partido este sábado? (sí) *(15)*

_____

15 ¿Quieres que nosotros te acompañemos? (seguro) *(15)*

_____

16 ¿Sabes que el partido no comienza hasta las tres de la tarde? (sí) *(15)*

_____

Listening Comprehension Exam

Lecciones 13–15

¿Verdadero o falso?

You will hear five sentences on the tape that are either true or false. If a sentence is true, circle V (verdadero). If it is false, circle F (falso).

1 V F	2 V F	3 V F	4 V F	5 V F

¿Lógico o absurdo?

You will hear five pairs of statements or questions and answers. If the two are logically related, circle L (lógico). If they do not go together, circle A (absurdo).

1 L A	2 L A	3 L A	4 L A	5 L A

Selección múltiple

You will hear 35 questions with three answer choices for each, only one of which is correct. Circle the letter (A, B, or C) of the correct choice.

1 A B C	8 A B C	15 A B C	22 A B C	29 A B C
2 A B C	9 A B C	16 A B C	23 A B C	30 A B C
3 A B C	10 A B C	17 A B C	24 A B C	31 A B C
4 A B C	11 A B C	18 A B C	25 A B C	32 A B C
5 A B C	12 A B C	19 A B C	26 A B C	33 A B C
6 A B C	13 A B C	20 A B C	27 A B C	34 A B C
7 A B C	14 A B C	21 A B C	28 A B C	35 A B C

Preguntas

You will hear five questions. Write an appropriate response to each one.

1 _____

_____

2 _____

_____

3 _____

_____

4 _____

_____

5 _____

_____

Lección dieciséis

Cintas

¿Lógico o absurdo?

You will hear ten pairs of statements. If the two statements are logi: .lly related, circle **L** *(lógico). If they do not go together, circle* **A** *(absurdo).*

1 L A	3 L A	5 L A	7 L A	9 L A
2 L A	4 L A	6 L A	8 L A	10 L A

Notas culturales

You will hear the **notas**, *and then a series of statements. If a statement is true in terms of the* **nota**, *circle* **V** *(verdadero). If it is false, circle* **F** *(falso).*

La música popular

1 V F	2 V F	3 V F

La música clásica

1 V F	3 V F	5 V F
2 V F	4 V F	6 V F

Lectura

You will hear the **lectura**, *and then a series of statements. If a statement is true according to the* **lectura**, *circle* **V** *(verdadero). If it is false, circle* **F** *(falso).*

1 V F	3 V F	5 V F
2 V F	4 V F	6 V F

Narración

You will hear the **narración,** *and then a series of statements. If a statement is true in terms of the* **narración,** *circle* **V** *(verdadero). If it is false, circle* **F** *(falso).*

1 V F	3 V F	5 V F	7 V F	9 V F
2 V F	4 V F	6 V F	8 V F	10 V F

Procesamiento de palabras

1. El presente de subjuntivo en cláusulas adjetivas

A *Write the subjunctive or indicative form of the verb as required by the context.*

1 (tener) Busco un disco que __tenga__ melodías latinas.

2 (saber) ¿Hay alguien que _____ cantar esta canción?

3 (ser) Tengo muchos discos que _____ de México.

4 (ser) No conozco a nadie que _____ tan guapa como mi novia.

5 (hablar) Aquí no hay nadie que _____ italiano.

6 (tocar) Elena busca una persona que _____ la guitarra.

7 (esquiar) José conoce a dos muchachos que _____ muy bien.

8 (querer) Conozco a alguien que te _____ mucho.

9 (acompañar) ¿Conoces a alguién que nos _____ al concierto?

10 (parecer) Tenemos un apartamento que nos _____ bueno.

B *Give the Spanish equivalent.*

1 I'm looking for someone who can help me.

_____

2 My roommate says he/she prefers someone who doesn't snore.

_____

3 I want to meet a young man who appreciates classical music.

_____

4 Do you (**tú**) have a friend who always asks you for money?

_____

2. El presente de subjuntivo en cláusulas sustantivas – repaso

Complete each sentence, using the information given in the preceding statement.

1 Roberto dice que no va al concierto con nosotros.

Quiero que __Roberto vaya al concierto con nosotros.__

2 Juana nunca escucha la música de los mariachis.

Quiero que _____.

3 Dicen que no quieren venderme ese carro.

Espero que _____.

4 Mi novio está muy enfermo.

Siento que _____.

5 Él no quiere darme los discos.

Necesito que _____.

3. El uso del subjuntivo con expresiones impersonales

Choose the appropriate verb, then complete the sentence with the correct indicative or subjunctive form.

1 (estar/ser) Es posible que el carro __sea__ de ella.

2 (poder/pedir) Es cierto que él _____ explicarlo todo.

3 (haber/ser) Es evidente que nosotros no _____ ricos.

4 (saber/ver) Es mejor que ellos no nos _____ ahora.

5 (gustar/tener) No es importante que uno _____ ganas de escuchar esa música.

6 (poner/querer) ¿Es posible que nadie _____ probarse este vestido?

7 (decidir/llover) Es importante que ustedes _____ pronto.

8 (haber/hacer) Es verdad que no _____ clase mañana.

9 (perder/prestar) Es una lástima que nosotros _____ en todos los deportes.

10 (ser/venir) No es necesario que ustedes _____ también.

4. El imperativo de la primera persona plural – let's

Respond with a "let's"-command.

1 ¿Comemos ahora?

Sí, __comamos__.

2 ¿Dónde nos sentamos?

_____ ahí.

3 ¿Vamos ahora?

Sí, _____.

4 ¿Jugamos con ellos?

No, _____.

5 ¿Nos quedamos aquí?

No, _____.

6 ¿Cuándo lo abrimos?

_____ ahora.

7 ¿A qué hora lo hacemos?

_____ a las siete.

8 ¿Nos vestimos en trajes de gala?

Sí, _____.

5. El presente de subjuntivo en mandatos indirectos

Write the Spanish equivalent, using an indirect command.

1 Let Pepe do it.

   __Que Pepe lo haga.__

2 Have Pedro close the windows.

_____

3 Let José and Inés bring the music.

_____

4 Have Juan tell us.

_____

5 Have Raúl come.

_____

6 Let them buy the tickets.

_____

7 Let the mariachis play.

_____

8 Let your (**tú**-form) roommate cook dinner.

_____

9 Have them visit us.

_____

10 Let María decide.

_____

6. Resumen

Write the correct response in the blank.

1 Quiero conocer a alguien que _____ la música clásica.

   a) aprecie   b) aprecia   c) apreciar la música clásica

2 Busco un compañero que no _____ .

   a) ronque   b) come mucho   c) madruga

3 Es seguro que la profesora _____ aquí temprano.

   a) vaya a estar   b) esté   c) va a estar

4 Prefiero que ustedes no _____ eso.

   a) olvidan   b) vengan   c) publiquen

5 Es importante que _____ un poco temprano.

   a) lleguemos   b) terminamos   c) salimos

6 ¿Quién es esa chica que _____ tan bien?

   a) toca la guitarra   b) toque el piano   c) baile el flamenco

7 ¿Quiero que me presentes a un muchacho que no _____ tan amoroso?

   a) ser   b) sea   c) es

8 —¿Quiere sentarse usted?

   —No. Que _____ esa señora.

   a) se siente   b) se sienta   c) siéntese

9 —No te gustó lo que se escribió, ¿verdad?

   —Es cierto. No _____ más de ese artículo.

   a) hablar   b) hablamos   c) hablemos

10 No conozco a nadie que _____ en que tú _____ eso.

   a) insiste . . . hagas b) insista . . . hagas c) insistas . . . haces

7. Complete las frases

1 Busco un amigo que _____.

2 Tengo un amigo que _____.

3 Es importante que _____.

4 ¿Conoce usted a alguien que _____?

5 ¿Quiere usted que _____?

8. Forme preguntas

1 No, no me gusta la música clásica.

¿_____?

2 No, no es importante que ella venga.

¿_____?

3 Sí, tenemos un disco que es de música clásica.

¿_____?

4 Sí, conozco a un joven que puede hacerlo.

¿_____?

5 No, en mi familia no hay nadie que esquíe bien.

¿_____?

9. Preguntas personales

Answer each question with a complete sentence.

1 ¿Qué clase de música te gusta más?

_____

2 ¿Tienes muchos discos de esta música?

_____

3 ¿Tocas la guitarra?

_____

4 ¿Conoces a alguien que la toque?

_____

5 ¿Vas a ver una película que te guste este fin de semana?

_____

6 ¿Conoces a alguien que prefiera la música de los mariachis?

_____

7 ¿Nos sentamos aquí?

_____

8 ¿Es necesario prepararse bien para el futuro?

_____

9 ¿Qué quieres que hagamos en la clase?

_____

10 ¿Conoces un profesor/una profesora que permita eso?

_____

10. Composición

Write five sentences about the kinds of work you are looking for.

_____

_____

_____

_____

_____

_____

_____

_____

Vocabulario

Crucigrama

Complete the **crucigrama** as suggested by the cues, using vocabulary items from Lesson 16. Use all capital letters, without accent marks.

HORIZONTALES

2 No decir la verdad.
5 Sirve para hablar.
7 Significa **muchos**.
12 Simialar a **viaje**.
14 Otra palabra que significa **esposo**.
15 Uno que siente por los males de otros tiene _____.
17 Sinónimo de **claro**.
18 Lo que hacen algunas personas mientras duermen.
20 Que siente y manifiesta amor.

VERTICALES

1 Lo que se usa para tocar cintas.
3 Quiere decir **muy activo**.
4 Uno que da mucho dinero a otros es _____.
6 Algo que provoca compasión.
8 Sinónimo de **trabajo**.
9 Medio de transporte.
10 Característica o aspecto de una canción.
11 Se usa para tocar discos de música.
13 Lo que tienen los buenos bailadores y cantantes.
16 Explicar algo desconocido.
19 Preparar una comida por medio de fuego.

Lección diecisiete

Cintas

¿Lógico o absurdo?

You will hear ten pairs of statements. If the two statements are logically related, circle **L** *(lógico). If they do not go together, circle* **A** *(absurdo).*

1 L A	3 L A	5 L A	7 L A	9 L A
2 L A	4 L A	6 L A	8 L A	10 L A

Notas culturales

You will hear the **notas**, *and then a series of statements. If a statement is true in terms of the* **nota**, *circle* **V** *(verda-dero). If it is false, circle* **F** *(falso).*

La amistad y la confianza

1 V F	2 V F	3 V F	4 V F

Los padrinos y las madrinas

1 V F	2 V F	3 V F	4 V F

Santiago de Compostela

1 V F	2 V F	3 V F	4 V F	5 V F

Lectura

You will hear the **lectura**, *and then a series of statements. If a statement is true according to the* **lectura**, *circle* **V** *(verdadero). If it is false, circle* **F** *(falso).*

1 V F	3 V F	5 V F	7 V F	9 V F
2 V F	4 V F	6 V F	8 V F	10 V F

Narración

You will hear the **narración,** *and then a series of statements. If a statement is true in terms of the* **narración,** *circle* **V** (**verdadero**). *If it is false, circle* **F** (**falso**).

1 V F   3 V F   5 V F   7 V F   9 V F

2 V F   4 V F   6 V F   8 V F   10 V F

Procesamiento de palabras

1. El subjuntivo y el indicativo en la cláusula adverbial de tiempo

A *Write the Spanish equivalent of the following adverbial conjunctions.*

1 before   __antes (de) que__

2 while, as long as _____

3 until _____

4 after _____

5 when _____

6 as soon as _____
  (two ways) _____

B *Supply the correct form of the verb given in the cue.*

1 (regresar) ¿Vas a salir antes que yo __regrese__?

2 (escribir) Yo siempre les escribo a mis padres tan pronto como ellos me _____ a mí.

3 (salir, nosotros) Cuando _____ del país, nos despediremos de todos.

4 (estar) Vamos a ir de compras mientras ustedes _____ aquí.

5 (venir) Cuando ustedes _____ a visitarme, haremos otra fiesta.

6 (terminar) Después que se _____ la despedida, ellos van a salir.

7 (saber, yo) Tan pronto como _____ tu dirección, te mandaré la carta.

8 (hacer) Cuando nosotros _____ una fiesta de despedida, siempre damos regalos.

9 (llegar) Vamos a esperar en la sala de clase hasta que _____ la profesora.

10 (poder) Vengan ustedes tan pronto como _____ .

11 (servir) Después que se _____ la comida, siempre bailamos hasta las dos o tres de la mañana.

12 (hacer) Cuando _____ mal tiempo, no hacemos fiesta.

C *Write complete sentences, using the conjunction and other information given. Change the verbs to the subjunctive if necessary.*

1 (antes de que) Voy de compras esta tarde / llueve.

_____

2 (cuando) Se lo voy a dar / usted vuelve.

_____

3 (hasta que) No podemos esquiar / nieva mucho.

_____

4 (tan pronto como) Te voy a pagar / recibo mi cheque.

_____

5 (después que) Vamos a salir / todos llegan.

_____

_____

D *Give the Spanish equivalent of the following. Use* **tú***-forms to translate "you."*

1 I will have to talk to her when she arrives.

_____

2 When Evelina is tired, she doesn't like to go to parties.

_____

3 While you are in Spain, you will have to try the Galician cheese.

_____

_____

4 Before we give you this gift, you have to say something.

_____

5 After we get home, what will you do?

_____

6 Write us as soon as you get home.

_____

_____

7 I usually reply as soon as I get a letter from someone.

_____

_____

2. El subjuntivo y el indicativo en la cláusula adverbial de proviso

A Write the Spanish equivalent of the following adverbial conjunctions.

1 provided that _____

2 unless _____

3 in case _____

4 in order that _____

5 without _____

6 although _____

7 so that _____

B Supply the correct form of the verb given in the cue.

1 (escribir, tú) Te mando mi dirección para que me _____ una carta.

2 (tener, tú) Aunque no _____ ganas, escríbeme una carta.

3 (saber) ¿Cómo llevarás todo eso sin que lo _____ los aduaneros?

4 (haber) A menos que _____ más interés, no haremos el viaje.

5 (tener, nosotros) Con tal que no _____ problemas, llegaremos a las cuatro.

6 (haber) Llevamos refrescos en caso de que no _____ agua buena.

7 (costar) Aunque me _____ mucho, lo haré.

8 (pagar) No vamos a trabajar más sin que los jefes nos _____ más dinero.

9 (ir) No voy a la fiesta a menos que tú _____ también.

10 (ser) Queremos invitar a muchos amigos a fin de que la fiesta _____ muy alegre.

11 (querer) Vamos a la clase el lunes próximo aunque no _____.

12 (saber, nosotros) Tienes que llamarnos para que _____ que has llegado sin novedad (*without incident*).

C Write complete sentences, using the conjunction and other information given. Change the verbs to the subjunctive if necessary.

1 (sin que) Es difícil salir / ellos nos ven.

_____

2 (aunque) La película comienza / no hay muchas personas.

_____

3 (para que) Su padre le da dinero / ella puede ir.

_____

4 (con tal que) Lo voy a aprender / ella me lo explica bien.

_____

5 (a menos que) No voy a llevar esos zapatos / me quedan muy bien.

_____

D *Give the Spanish equivalent of the following. Use* **tú**-*forms to translate "you."*

1 I'll bring the food provided you bring the gift.

_____

2 How will you buy the gift without her knowing it?

_____

3 We are having this farewell party so that you will remember us.

_____

_____

4 Although it may rain, we're going to have the party in the afternoon.

_____

5 Unless you've invited too many friends, we can hold the party in my house.

_____

_____

6 In case there isn't time later to take pictures, let's take them now.

_____

_____

3. Usos del infinitivo

A *Complete the sentences, using the infinitives suggested by the English cues.*

1 (*finishing*) Después de __**terminar**__ el trabajo, él corrió a casa.

2 (*leaving*) Antes de _____, nos despedimos de todos.

3 (*waiting*) Fuimos al baile sin _____ a José y a Raúl.

4 (*learning*) ¡Anoche estudiamos los verbos hasta _____-los todos!

5 (*having a good time*) Tuvimos que trabajar todo el verano sin _____ .

B *Complete the sentences by supplying the appropriate infinitive plus* **al.**

1 (*Upon entering*) __**Al entrar**__ en la casa, todos gritaron.

2 (*Upon taking*) _____ la foto, ella comenzó a llorar.

3 (*Upon finishing*) _____ la cena, salimos a bailar.

4 (*Upon thinking about it more*) _____, sabíamos lo que teníamos que hacer.

C *Translate, using an infinitive as a verb complement.*

1 I hope to be able to visit Santiago de Compostela.

   <u>**Espero poder visitar Santiago de Compostela.**</u>

2 I like to go to parties.

_____

3 I want to learn the customs before I go.

_____

4 I prefer to eat later.

_____

D *Rewrite the sentences, supplying the appropriate subjunctive forms required by inserting the conjunctions and second subjects given in the cues.*

1 No podemos divertirnos sin bailar y cantar. (sin que todos)

   <u>**No podemos divertirnos sin que todos bailen y canten.**</u>

2 Él no quiere salir hasta saludar a todos. (hasta que yo)

_____

3 Iremos a la fiesta para despedirnos de ti. (para que tú – de nosotros)

_____

4 Quieren comer antes de salir. (antes que él)

_____

5 Espero poder ir. (que usted)

_____

4. Resumen

Write the correct response in the blank.

1 Siempre nos saludamos cuando nos _____

   a) ver   b) vemos   c) veamos

2 Traje este vino para _____ por nuestro amigo.

   a) brindar   b) brinda   c) brinde

3 A menos que tú la _____, ella no vendrá.

   a) chocas   b) invites   c) pagas

4 Queremos que vosotros _____ de nosotros.

    a) se acuerden   b) os acordáis   c) os acordéis

5 Voy a salir tan pronto como _____ de vosotros.

    a) me despida   b) me despido   c) despedirme

6 Después de _____ en la mañana, siempre me baño.

    a) corro   b) corra   c) correr

7 Al _____ el viaje, pasaremos por Santiago de Compostela.

    a) regresar   b) continuar   c) comienza

8 Espero _____ muy pronto.

    a) verlos   b) que yo los vea   c) los veo

B *Give the Spanish equivalent.*

1 I don't want to go to the party unless you (**tú**) go.

_____

2 Let's not leave before the professor gets here.

_____

3 I am looking for someone to help me.

_____

4 We have to finish our homework before going out tonight.

_____

_____

5 Do you usually get up as soon as you wake up?

_____

6 Do you intend to study as soon as you get home tonight?

_____

Expresión individual

5. Complete las frases

  1 Te veremos cuando _____.

2 Al _____.

3 Aunque _____.

4 Cuando _____.

5 Tan pronto como _____.

6 No hay nadie que _____.

6. Forme preguntas

1 Sí, siempre me dice todo tan pronto como regresa a casa.

¿_____?

2 Prometo que te daremos los regalos cuando terminemos de comer.

¿_____?

3 Sí, puedo llevarlos sin que lo sepa ella.

¿_____?

4 No, no vamos a comer antes de que él llegue.

¿_____?

5 Sí, voy a estudiar este libro hasta saberlo todo.

¿_____?

6 No, no conozco a nadie que pueda contestar esa pregunta.

¿_____?

7. Preguntas personales

Answer each question with a complete sentence.

1 ¿Por qué estás estudiando español?

_____

2 ¿Piensas ir a España durante las vacaciones?

_____

3 Al tener un problema en España, ¿adónde puedes ir para que te ayuden?

_____

4 ¿Quieres que tus padres te acompañen a España?

_____

5 ¿Qué es importante aprender antes de salir para España?

_____

6 ¿Qué cosas en España esperas ver?

_____

7 ¿Qué clase de amigos prefieres?

_____

8 ¿Vas a salir esta noche aunque haga mal tiempo?

_____

9 ¿Te cansas cuando te diviertes toda la noche?

_____

10 ¿Cuándo vas a visitar a tu familia?

_____

8. Composición

Write a composition of at least ten sentences, telling what you plan to do as soon as you get home, or when this semester finishes, or after you graduate, etc.

_____

_____

_____

_____

_____

_____

_____

_____

_____

_____

Vocabulario

Crucigrama

Complete the **crucigrama** as suggested by the cues, using vocabulary items from Lesson 17. Use all capital letters, without accent marks.

HORIZONTALES

3 Sentimiento de dignidad moral.
4 Quiere decir **el oficio de alguien**.
8 Por donde pasan los bienes importados.
9 El opuesto de **cerca**.
11 Una forma de competencia.
13 Sinónimo de **privilegio**.
15 Resulta después de correr mucho.
16 El opuesto de **complejo**.
17 Si es de Santiago de Compostela, es _____.
18 Puede usarse para llevar agua.
19 Cuando uno no está seguro, tiene una _____.

VERTICALES

1 Sinónimo de **respuesta**.
2 Profesión en el gobierno.
3 Donde unos viajeros pasan la noche.
5 Un invitado.
6 Poner una obligación.
7 Otra palabra que significa **jefe**.
10 Sinónimo de **precisamente**.
12 Lo que tienen en común los amigos.
14 Similar a **obligación**.

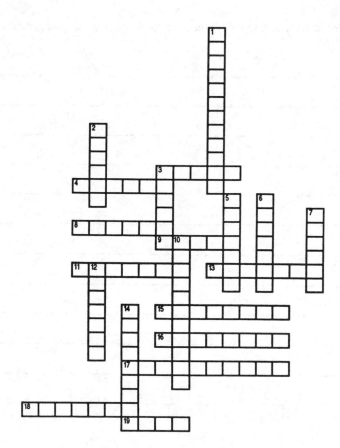

Lección dieciocho

Cintas

¿Lógico o absurdo?

*You will hear ten pairs of statements. If the two statements are logically related, circle **L** (lógico). If they do not go together, circle **A** (absurdo).*

1 L A	3 L A	5 L A	7 L A	9 L A
2 L A	4 L A	6 L A	8 L A	10 L A

Notas culturales

*You will hear the **notas**, and then a series of statements. If a statement is true in terms of the **nota**, circle **V** (verdadero). If it is false, circle **F** (falso).*

El machismo

1 V F	3 V F	5 V F	7 V F
2 V F	4 V F	6 V F	

La mujer hispana

1 V F	2 V F	3 V F	4 V F

Lectura

*You will hear the **lectura**, and then a series of statements. If a statement is true according to the **lectura**, circle **V** (verdadero). If it is false, circle **F** (falso).*

1 V F	3 V F	5 V F	7 V F	9 V F
2 V F	4 V F	6 V F	8 V F	10 V F

Narración

You will hear the **narración,** *and then a series of statements. If a statement is true in terms of the* **narración,** *circle* **V** (**verdadero**). *If it is false, circle* **F** (**falso**).

1 V F   3 V F   5 V F   7 V F   9 V F

2 V F   4 V F   6 V F   8 V F   10 V F

Procesamiento de palabras

1. El imperfecto de subjuntivo – la formación de verbos regulares e irregulares

A *Complete each sentence by writing the appropriate imperfect-subjunctive form of the verb and subject given.*

1 (hablar, ellos) Preferíamos que nos __hablaran__ ayer.

2 (decidir, yo) Mi novia me dijo que _____ esta vez.

3 (vender, tú) ¿Era necesario que _____ ese coche?

4 (pensar, tú) Yo quería que lo _____ bien.

5 (vivir, nosotros) No era necesario que _____ en la ciudad.

6 (cerrar) La profesora pidió que un alumno _____ la ventana.

7 (escribir, ella) Le pedí que me _____ cada cuanto.

8 (ser, nosotros) Él quería que _____ amigos.

9 (estar, nosotros) Era importante que _____ en casa cuando llamaron.

10 (dar, yo) Mi novio/a quería que le _____ algo barato.

11 (tener, nosotros) El profesor sentía mucho que no _____ las tareas.

12 (ir) Todos queríamos que Marcos y Luisa _____ a la fiesta también.

13 (venir, tú) Yo esperaba que _____ también.

14 (saber) La profesora quería que los estudiantes _____ las respuestas del examen.

15 (decir, vosotros) ¡Os pedí que _____ la verdad!

B *Give the corresponding imperfect-subjunctive form for each present-subjunctive form given below.*

1 busquemos __buscáramos__

2 comas _____

3 vuelva _____

4 compre _____

5 traigas _____

6 hagamos _____

7 toquen _____

8 recordemos _____

9 seas _____

10 vayan _____

2. El imperfecto de subjuntivo en cláusulas con si

A *Change the following sentences by converting neutral if-clauses to conditional if-clauses, then give the English equivalent of the conditional sentence created.*

1 Si tengo dinero, iré.

Si tuviera dinero, iría.

If I had money, I would go.

2 Si hace viento, no me pongo el sombrero.

_____

_____

3 Si estudiamos, podemos sacar buenas notas.

_____

_____

4 Si te acuestas temprano, no tienes sueño.

_____

_____

5 Llegarás tarde si no te apuras.

_____

_____

6 Si duermo, me siento mejor.

_____

_____

7 Sufro de alergia si no voy al médico.

_____

_____

8 Tenemos que participar en el programa si nos quedamos.

_____

_____

B *Change the following sentences by converting conditional if-clauses to neutral if-clauses.*

1 Si no estuviera cansado, estudiaría más.

Si no estoy cansado, estudio más.

2 Si él estuviera en casa, me llamaría.

_____

3 Usted podría recibir permiso si lo pidiera.

_____

4 Si el médico viniera, sería mejor.

_____

5 Si viviéramos en Málaga, podríamos ir a la playa.

_____

C _Give the Spanish equivalent._

1 If I were cold, I'd put on my coat.

   __Si tuviera frío, me pondría el abrigo.__

2 We would learn more if we read more books.

_____

3 I would go if I could.

_____

4 If I had time, I would finish the work tonight.

_____

5 If it were possible, he would do it, too.

_____

6 My friends would work more if their boss paid them more.

_____

7 If you (**tú**) went to España, what would you like to see?

_____

8 I would stay home if I knew that you (**vosotros**) were coming.

_____

3. El imperfecto de subjuntivo después de como si

Give the Spanish equivalent.

1 He talks as if he were the boss.

   __Habla como si fuera el jefe.__

2 They shout as if I couldn't hear them.

_____

3 She runs as if she were tired.

_____

4 My brother talks as if he liked his work.

_____

5 They work as if they had all day to finish.

_____

6 It's as if she wanted to leave.

_____

7 It's as if he did not know me.

_____

4. El imperfecto de subjuntivo y el condicional en peticiones y expresiones corteses

Soften the request or statement, using the conditional first, then the imperfect subjunctive.

1 ¿Puede usted ayudarme?

__¿Podría usted ayudarme?__

__¿Pudiera usted ayudarme?__

2 ¿Pueden ustedes venderlo?

_____

_____

3 Usted debe trabajar.

_____

_____

4 Ellos deben vender el carro.

_____

_____

5 ¿Puede usted pagarme ahora?

_____

_____

6 ¿Quieren ustedes ir a España con nosotros?

_____

_____

5. El subjuntivo con ojalá

A _Using_ **ojalá,** _write that you hope the following events will happen._

1 I hope Ricardo calls me tonight.

   <u>Ojalá que Ricardo me llame esta noche.</u>

2 I hope you (**tú**) will be able to come to our party.

_____

3 I hope everyone will have a good time.

_____

4 I hope it doesn't rain tonight.

_____

5 I hope there will be lots of friends there.

_____

B _Using_ **ojalá,** _express that you wish the following events would happen (but you really don't think they will)._

1 Ricardo no viene a la fiesta.

   <u>Ojalá (que) viniera Ricardo a la fiesta.</u>

2 No hay tiempo para invitar a Catalina.

_____

3 No puedo llevar el traje/el vestido de mi compañero/a.

_____

4 Mis amigos no saben de la fiesta.

_____

5 No tengo tiempo suficiente para aprender todos estos verbos.

_____

6. El subjuntivo en cláusulas sustantivas – repaso

A _Choose the appropriate verb, then supply the correct imperfect-subjunctive form._

1 (casarse/cansarse) Romero le pidió a Julieta que <u>se casara</u> con él.

2 (acompañar/mirar) Yo quería que mi novio/a me _____ al cine.

3 (apurar/venir) El jefe mandó que nosotros _____ a tiempo.

4 (estar/ir) Era importante que yo _____ a visitarlo.

5 (poder/poner) Yo temía que ella no _____ regresar antes de las siete.

B *Rewrite each sentence, changing it to the past.*

1 Quiero que te pruebes este vestido.

   <u>Quería que te probaras este vestido.</u>

2 Dudo que usted pueda entender esto.

   _____

3 Te pido que te levantes más temprano.

   _____

4 No quieren que salgamos después de las once.

   _____

5 Quiero que conozcas a mi tía.

   _____

6 Es imposible que uno se duerma aquí.

   _____

C *Answer the questions, using the cues in parentheses.*

1 ¿Qué querías que hiciera tu compañero/a de cuarto? (acostarse)

   <u>Quería que él/ella se acostara más temprano.</u>

2 ¿Qué quería tu compañero/a que hicieras? (no preocuparme)

   _____

3 ¿Qué querías que hicieran tus amigos? (invitarme a la fiesta)

   _____

4 ¿Qué quería tu profesor/a que hicieran ustedes en la clase? (hablar español)

   _____

5 ¿Qué quería Evelina que hiciera Christine? (escribirle)

   _____

7. El subjuntivo en cláusulas adjetivas – repaso

A *Choose the appropriate verb and write the correct form in the blank.*

1 (vivir/saber) ¿Conocen ustedes a alguien que __viva__ en España?

2 (venir/ocurrir) ¿Sabías que nadie _____ anoche?

3 (pedir/poder) ¿No vi a nadie que _____ ayudarnos?

4 (estudiar/dar) Buscábamos a alguien que _____ para su doctorado.

5 (trabajar/saber) Yo conocía a un profesor que _____ de guionista cuando era estudiante.

6 (conocer/saber) ¿Hay alguien en la clase que _____ la ciudad de Málaga?

7 (ser/trabajar) Buscábamos uno que _____ muy enérgico.

8 (buscar/querer) No había nadie que _____ ayudarnos.

9 (tener/saber) ¿Había alguien ahí que _____ hablar ruso?

10 (poder/poner) Teníamos que hablar con un abogado que _____ aconsejarnos.

B *Choose between the imperfect indicative and the imperfect subjunctive and write the correct form in the blank.*

1 (saber) Conocíamos a la señora que __sabía__ cocinar bien.

2 (ser) Buscábamos a alguien que _____ de España.

3 (conocer) ¿No había nadie en la fiesta que me _____ .

4 (cantar) Había un cantante en el bar que _____ esa canción.

5 (hacer) ¿Quién fue la persona que _____ la fiesta anoche?

8. El subjuntivo en cláusulas adverbiales – repaso

A *Supply the appropriate form of the verb given in the cue.*

1 (acompañar) Ellas no querían ir al cine sin que yo las __acompañara__ .

2 (poder) No íbamos al parque a menos que todos _____ ir.

3 (tener) Él no iba a recibir el dinero hasta que _____ dieciocho años.

4 (ser) Ellos invitaron a los mariachis a fin de que la fiesta _____ más divertida.

5 (comprar) Le di el dinero a ella para que nos _____ los boletos.

B *Choose the indicative or the imperfect subjunctive as the context requires.*

1 (llegar) Ella salió tan pronto como ellos __llegaron__ .

2 (abrir) No compraron las frutas hasta que el dependiente _____ frutería.

3 (llamar) No pude dormirme antes que él _____ .

4 (traer) Fuimos a la fiesta tan pronto como ellos nos _____ la ropa.

5 (venir) Le dije que lo esperaría hasta que él _____ .

6 (despedirse) Después que ellos _____ de nosotros, fuimos al aeropuerto.

7 (vestirse) Les prometimos que iríamos después que ellos _____ .

8 (levantarse) Siempre me bañaba tan pronto como _____ .

C *Write complete sentences using the information given. Supply other words as necessary.*

1 yo – ir – antes que – compañero/a – regresar

   Voy antes que mi compañero/a regrese.

2 ellos – venir – con tal que – ustedes – venir

   _____

3 ella – salir – anoche – sin que – nadie – verla

   _____

4 levantarme – mañana – tan pronto como – usted – llamarme

   _____

   _____

5 yo – despedirme de ellos – esta tarde – después de – terminar – mi trabajo

   _____

   _____

6 él – no venir a la fiesta – a menos que – tú – acompañarlo

   _____

9. Resumen

Give appropriate Spanish translations. Use **tú**-*forms to translate "you."*

1 If you go to Spain, will you bring me a gift?

   _____

2 She dresses as if she had lots of money.

   _____

3 Would you like to go to the movies with me?

   _____

4 I knew they didn't have time to finish.

_____

5 I wish I could find a Spanish book that I could read.

_____

6 Did you meet that professor who worked as a subtitle writer?

_____

_____

7 She told us that she would call us as soon as she returned.

_____

_____

8 I used to bathe as soon as I got up.

_____

9 If you weren't a student now, where would you like to be?

_____

_____

10 He treats me as if I were a child.

_____

11 You should speak to a doctor about that cough.

_____

12 I wanted you to come with us.

_____

13 We left before they arrived.

_____

14 He was looking for someone to help him.

_____

15 I told him I wouldn't help him unless he studied at home as well.

_____

_____

16 I told him to go to the library at seven o'clock and that I would meet him there.

_____

_____

Expresión individual

10. Complete las frases

1 Voy a casarme cuando _____.

2 Yo iría si _____.

3 Si tenía hambre _____.

4 ¡Ojalá que _____!

5 _____ viajaría por Europa.

11. Forme preguntas

1 Si tuviera dinero, iría a España.

   ¿_____?

2 Yo sería locutor/a de radiotelevisión.

   ¿_____?

3 Yo viviría en Madrid.

   ¿_____?

4 Sí, le puedo prestar cinco dólares.

   ¿_____?

5 Si tengo sueño, me acuesto.

   ¿_____?

12. Preguntas personales

Answer each question with a complete sentence.

1 ¿Qué harías si fueras rico/a?

   _____

2 ¿Quisieras prestarme tu carro?

   _____

3 Si hace frío, ¿te pones el abrigo?

   _____

4 ¿Te gustaría ir a casa si pudieras?

   _____

5 ¿Camina el profesor como si estuviera cansado?

_____

6 ¿Quisieras ir al teatro con tu novio/a?

_____

7 Es evidente que tu compañero/a no durmió bien anoche, ¿verdad?

_____

_____

8 Si pudieras, ¿irías a España?

_____

9 ¿Prefieres que tus amigos participen en clase?

_____

10 ¿Cuándo deseas que tu novio/a te dé un regalo?

_____

11 ¿Es necesario aprender el idioma antes de ir al país donde ese idioma se habla?

_____

_____

12 ¿Podrías llevarme a casa esta tarde?

_____

13 ¿Te gustaría viajar más si tuvieras tiempo y dinero?

_____

14 ¿Qué quieres que se haga en la clase?

_____

15 ¿Es urgente que termines tus estudios?

_____

_____

13. Composición

Write six sentences beginning with **Si** *(If).*

_____

_____

_____

_____

_____

_____

_____

_____

_____

_____

Crucigrama

Complete the **crucigrama** *as suggested by the cues, using vocabulary items from Lesson 18. Use all capital letters, without accent marks.*

HORIZONTALES

4 Si no podemos hacer algo de una vez, podemos hacerlo por ____.
6 Lo que debemos hacer con las leyes.
8 Se conoce como característica del hombre. period
9 Antes de casarse, los novios tienen la costumbre de ____.
11 Una hierba que se pone en una hamburguesa.
13 Uno que quiere ser elegido a un puesto en el gobierno.
14 Cada cultura tiene sus propias ____ y modos de vivir.
17 Significa **muy grande**.
18 Uno que tiene mucho que hacer está muy ____.

VERTICALES

1 Una guerra consiste de varias ____.
2 El novio le hace esto a la novia para empezar el compromiso.
3 No llegar a tiempo.
5 Hacer efectiva una cosa.
7 El opuesto de **despacio**.
9 Resulta cuando hay dos personas enamoradas.
10 Una acción enérgica.
12 Uno que trabaja en el banco.
14 Es igual a **tener miedo**.
15 Hombre que demuestra mucha cortesía.
16 Una parte del año escolar.

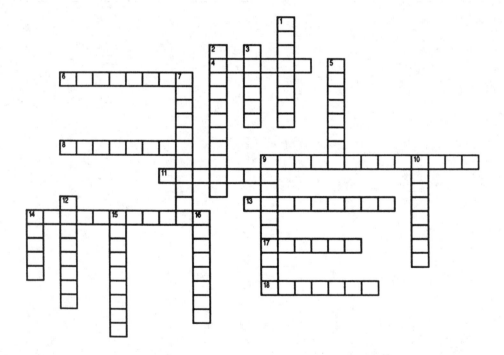

Sexto repaso

The concepts introduced in Lessons 16-18 are reviewed in the following items. The lesson in which the information is presented is given in parentheses with each item or set of items. If you have learned the concepts well, you will be able to complete each item. If you are not able to answer a particular item, you should go back to the lesson indicated and review that concept.

A *Fill in the blanks with the appropriate indicative or subjunctive form of the verb given. (16)*

1 (apreciar) Es evidente que mi compañero/a de cuarto no _____ la múscia country western.

2 (terminar) ¿Es importante que nosotros _____ todo el libro este semestre?

3 (ser) Es verdad que el español _____ muy útil en el mundo hoy.

4 (hacer) Es mejor que tú _____ los estudios cada día, ¿no?

5 (tener) Es una lástima que tus amigos no _____ tiempo para estudiar idiomas.

B *Answer each question with a* let's-*command according to the cues. (16)*

1 ¿Vamos al cine esta noche? (sí)

_____

2 ¿Estudiamos con otros estudiantes de la clase? (sí)

_____

3 ¿Nos sentamos ahora? (no)

_____

4 ¿Buscamos boletos para ese concierto? (no)

_____

C *Create complete sentences using the conjunction in parentheses and other information given. Change the verbs to the subjunctive if necessary. (17)*

1 (para que) Mi padre me da dinero / puedo pagar la matrícula.

_____

2 (con tal que) ¿Vas a tomar otra clase de español / el profesor/la profesora te da una buena nota en ésta?

_____

3 (tan pronto como) ¿Siempre comes / llegas a casa por la tarde?

4 (a menos que) No voy al concierto / tú me acompañas.

_____

5 (después que) Tengo la costumbre de bañarme / me levanto.

_____

6 (hasta que) No voy a escribirte otra vez / tú me respondes.

_____

D _Write the appropriate imperfect-subjunctive form of each verb according to the subject given._ _(18)_

1 (conocer, ustedes) Queríamos que _____ a todos nuestros amigos.

2 (venir, tú) Yo esperaba que _____ a verme antes de salir.

3 (poder, nosotros) Yo sentía mucho que no _____ hacer la despedida.

4 (tener, ustedes) Era una lástima que _____ que regresar a casa tan pronto.

5 (gustar) Queríamos comprarles unos regalos que les _____, pero no tuvimos tiempo.

6 (volver, ustedes) Decidimos que tendríamos que darles algo cuando _____ el próximo año.

E _Write a more courteous or polite way of making the following requests or statements._ _(18)_

1 ¿Puede usted esperar un momento más?

_____

2 Ustedes deben estudiar.

_____

3 ¿Puede usted venir mañana?

_____

F _Write how you would say the following:_

1 I'm looking for someone who sings country western. _(16)_

_____

2 We don't know anyone who sings country western. _(16)_

_____

3 I have a friend who plays the guitar well. _(16)_

_____

4 Let (Have) your (**tú**-form) roommate buy the tickets for us. _(16)_

_____

5 I want to leave before María arrives. *(17)*

_____

6 As soon as class ends, we're going home. *(17)*

_____

7 Shall we wait until the professor comes? *(17)*

_____

8 Do you (**ustedes**) speak sometimes without thinking? *(17)*

_____

9 I was hoping you (**vosotros**) would come early. *(18)*

_____

10 We were looking for someone who could take us to town. *(18)*

_____

11 If I had the money, I would visit Spain. *(18)*

_____

12 If I sleep at least seven hours, I feel great! *(18)*

_____

13 Does your (**tú**-form) roommate spend money as though (as if) he/she were very rich? *(18)*

_____

14 I wish (**Ojalá**) you (**tú**) could come with me. *(18)*

_____

G *Write complete answers to the following questions.*

1 ¿Conoces a alguien que sepa esquiar bien? (no) *(16)*

_____

2 ¿Conoces a alguien que aprecie la música clásica? (sí, mi hermano) *(16)*

_____

3 ¿Quieres que tus amigos te acompañen a escuchar la música de los mariachis? (sí) *(16)*

_____

_____

4 ¿Sientes que no haya muchas personas que asistan a la ópera? (sí) *(16)*

_____

5 ¿Es posible que estudies con nosotros esta tarde? (no) *(16)*

_____

6 ¿Me mandarás una carta tan pronto como llegues a casa? (sí) *(17)*

_____

7 ¿Me llamas por teléfono después de regresar de tus vacaciones? (sí) *(17)*

_____

8 Al entrar en la casa esta tarde, ¿qué vas a hacer? (comer) *(17)*

_____

9 ¿Esperas visitar a tus abuelos este fin de semana? (no) *(17)*

_____

10 Aunque haga mal tiempo mañana, ¿sales para las vacaciones? (sí) *(17)*

_____

11 ¿Esperas recibir buenas notas este semestre? (sí) *(17)*

_____

12 ¿Qué harías si tuvieras menos clases? (divertirme más) *(18)*

_____

13 Al graduarte de la escuela secundaria, ¿buscabas una universidad que estuviera cerca de tu casa? (no) *(18)*

_____

_____

14 Si estás cansado/a, ¿qué haces? (tomar una siesta) *((18)*

_____

15 ¿Estudias para esta clase como si fuera la única clase que tienes? (sí) *(18)*

_____

_____

16 ¿Quién fue el profesor/la profesora que te enseñó español en la escuela secundaria? (señora Fierro) *(18)*

_____

_____

17 ¿Dijiste que no irías de visita a Sudamérica hasta que no hubiera más revoluciones? (sí) *(18)*

_____

_____

Listening Comprehension Exam

Lecciones 16–18

¿Verdadero o falso?

*You will hear five sentences on the tape that are either true or false. If a sentence is true, circle **V** (**verdadero**). If it is false, circle **F** (**falso**).*

1 V   F   2 V   F   3 V   F   4 V   F   5 V   F

¿Lógico o absurdo?

*You will hear five pairs of statements or questions and answers. If the two are logically related, circle **L** (**lógico**). If they do not go together, circle **A** (**absurdo**).*

1 L   A   2 L   A   3 L   A   4 L   A   5 L   A

Selección múltiple

*You will hear 35 questions with three answer choices for each, only one of which is correct. Circle the letter (**A, B,** or **C**) of the correct choice.*

1 A B C	8 A B C	15 A B C	22 A B C	29 A B C
2 A B C	9 A B C	16 A B C	23 A B C	30 A B C
3 A B C	10 A B C	17 A B C	24 A B C	31 A B C
4 A B C	11 A B C	18 A B C	25 A B C	32 A B C
5 A B C	12 A B C	19 A B C	26 A B C	33 A B C
6 A B C	13 A B C	20 A B C	27 A B C	34 A B C
7 A B C	14 A B C	21 A B C	28 A B C	35 A B C

Preguntas

You will hear five questions. Write an appropriate response to each one.

1 _____

_____

2 _____

_____

3 _____

_____

4 _____

_____

5 _____

_____

Answer key

Lección de Ortografía

1. **A** 1. co-mo 2. bue-no 3. ma-ña-na

   B 1. per/mi/so 2. Mar/ta 3. mu/cho 4. a/pre/ciar 5. es/tu/dian/te 6. ha/blar

2. **A** 1. c 2. c 3. c 4. c 5. qu 6. qu 7. qu 8. c 9. qu 10. c 11. c 12. qu 13. k 14. c 15. qu 16. c

   B 1. kw 2. k 3. k 4. kw 5. kw 6. k

   C 1. g 2. gu 3. g 4. g 5. gu 6. g 7. g 8. g 9. gu 10. g 11. g 12. g

   D 1. gw 2. g 3. gw 4. gw 5. g 6. g 7. gw 8. gw 9. gw

   E 1. k 2. gw 3. h 4. k 5. gw 6. kw 7. h 8. h 9. k 10. h

   F 1. s 2. z 3. z 4. s 5. s 6. s 7. s 8. s

   G 1. y 2. y 3. i 4. y 5. y 6. i

3. **A** 1. <u>tardes</u> 2. <u>h</u>ablan 3. maña<u>n</u>a 4. apren<u>d</u>es 5. <u>v</u>ive

   B 1. pare<u>d</u> 2. ust<u>ed</u> 3. pregun<u>t</u>ar 4. ni<u>v</u>el 5. universi<u>d</u>ad

   C 1. le<u>cc</u>ión 2. e<u>s</u>tá 3. a<u>d</u>iós 4. cor<u>t</u>és 5. pá<u>j</u>aro

   D 1. the 2. he 3. if 4. yes

Lección uno

1. **A** 1. **Buenos días.** 2. ¡Hola! *or* ¿Qué tal? 3. Buenos días. *or* ¿Cómo está usted? 4. Buenos días. *or* ¿Cómo está usted? 5. ¡Hola! *or* ¿Qué tal?

   B 1. **Muy bien, gracias.** 2. Así así. 3. Bien. 4. Buenas tardes. 5. ¡Hola!

2. **A** 1. **el** 2. el 3. las 4. las 5. las 6. los 7. las 8. la 9. los 10. el 11. los 12. las

   B 1. **los chicos** 2. las jóvenes 3. los estudiantes 4. los profesores 5. las clases

3. 1. **cuatro** 2. doce 3. trece 4. treinta y seis 5. veinte y cinco *or* veinticinco 6. diez 7. treinta y cuatro 8. diez y seis *or* dieciséis 9. veinte y cuatro *or* vienticuatro 10. cuarenta y nueve 11. cuarenta y dos 12. veinte y seis *or* veintiséis

4. 1. **Hay treinta y un estudiantes en la clase.** 2. Hay quince muchachas en la clase. 3. Hay dos libros en la mesa. 4. Hay trece muchachos en la clase. 5. Hay siete personas en la familia. 6. Hay seis lápices en la mesa. 7. Hay un profesor en la clase.

5. **A** 1. **Abran los libros en la página dos.** 2. Repitan, por favor. 3. Siéntense. 4. Más alto, por favor. 5. Contesten, por favor.

   B 1. ¿Cómo se dice "pencil" en español? 2. ¿Qué

significa "otra vez" en inglés? 3. ¿Cómo está? 4. ¿Cómo estás?

6. **A** 1. ¿Cómo se llama usted? 2. ¿Cómo te llamas? 3. ¿Cómo se llama usted? 4. ¿Cómo te llamas? 5. ¿Cómo te llamas?

   B 1. Me llamo ___. 2. Se llama Lisa. 3. ¿Cómo te llamas? 4. Se llama Miguel. 5. El profesor/La profesora se llama ___.

7. 1. **esta lección** 2. esa casa 3. Esos jóvenes 4. Esta persona 5. Aquella joven 6. ese libro

8. **A** 1. Me gusta 2. Me gusta 3. me gustan 4. Me gusta 5. me gustan

   B 1. ¿Te gusta la televisión? 2. ¿Te gusta este libro? 3. ¿Te gustan estas actividades? 4. ¿Te gusta ese profesor/esa profesora?

9. **A** 1. **¿Está aquí Pepe?** 2. ¿Está Carlos en la clase? 3. ¿Se llama usted Jones? 4. ¿Está cansada Ana María?

   B 1. ¿Cómo estás? *or* ¿Cómo está usted? 2. ¿Dónde está la casa? 3. ¿Quién no está en la clase? 4. ¿De quién es el libro? 5. ¿Dónde vive Felipe? 6. ¿Qué estudia él? 7. ¿De quién es este lápiz? 8. ¿Por qué estudias español? 9. ¿Dónde vive usted? 10. ¿Cuál es tu libro?

   C 1. Dónde 2. De quién 3. Dónde 4. Cuál

10. 1. **Juan no está cansado.** 2. No me llamo Felipe. 3. Ella no está bien. 4. El profesor no se llama Juan. 5. Manuela no está en la clase.

11. 1. **él** 2. se llama 3. verdad 4. estás 5. La 6. Me llamo Miguel. 7. quince 8. Sí, me gustan. 9. Trabaja en la clase. 10. Me llamo Ernesto.

12. *Individual responses*

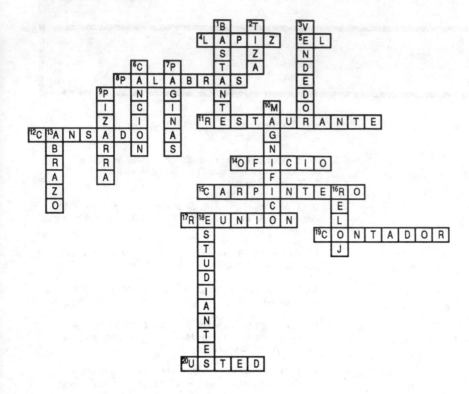

Lección dos

1. **A** 1. tú 2. nosotros, nosotras 3. yo 4. vosotros, vosotras 5. yo 6. ustedes, ellos, ellas

B 1. no pronoun needed 2. usted *or* él *or* ella 3. no pronoun needed 4. no pronoun needed

2. 1. ¿Cómo estás? 2. ¿Cómo estás? 3. ¿Cómo está usted? 4. ¿Cómo está usted? 5. ¿Cómo estás?

3. **A** 1. **habla español** 2. hablo español 3. hablan español 4. hablamos español 5. hablas español 6. estudia español 7. estudian español 8. estudias español 9. estudiamos español 10. estudiáis español 11. trabaja en la fábrica 12. trabajo en la fábrica 13. trabajan en la fábrica 14. trabajamos en la fábrica 15. trabajan en la fábrica 16. canta en la plaza 17. cantamos en la plaza 18. cantan en la plaza 19. cantáis en la plaza 20. canta en la plaza 21. baila la salsa 22. baila la salsa 23. bailan la salsa 24. bailas la salsa 25. bailo la salsa

B 1. aprendo francés 2. aprenden francés 3. aprendes francés 4. aprendemos francés 5. aprende francés 6. como mucho 7. come mucho 8. come mucho 9. comemos mucho 10. comen mucho 11. lee francés 12. leemos francés 13. lee francés 14. leen francés 15. leemos francés

C 1. vivimos aquí 2. vive aquí 3. viven aquí 4. vivo aquí 5. vivimos aquí 6. escribe bien 7. escribo bien 8. escribimos bien 9. escriben bien 10. escribís bien

D 1. ¿Aprende usted español? 2. Luis y Juan viven en California. 3. ¿Habla Elena francés también? 4. ¿Qué estudias? 5. ¿Leen ellos mucho en casa? 6. ¿Dónde trabaja usted? 7. ¿Bailas en la clase? 8. ¿Comprendéis español?

4. 1. **está** 2. Están 3. están 4. está 5. estamos 6. estás 7. están 8. estáis

5. 1. soy 2. son 3. soy 4. somos 5. es 6. es 7. somos

6. 1. no articles required 2. el 3. no article required 4. no article required 5. Los, el

7. **A** 1. **Una** 2. unos 3. Unas 4. Un 5. un

B 1. no article required 2. un 3. unas 4. no article required 5. unos

C 1. **La profesora** mexicana **habla inglés.**
2. **Un profesor** mexicano habla inglés.
3. **Una profesora** mexicana habla inglés.
4. Una profesora mexicana **habla bien** el inglés.
5. Unos **muchachos** mexicanos hablan bien el inglés.
6. Unos muchachos mexicanos **estudian** el inglés.
7. Una **muchacha** mexicana estudia inglés.
8. **Esa** muchacha mexicana estudia inglés.
9. Esos **hombres** mexicanos estudian inglés.

8. 1. **es alta** 2. son ricas 3. es inglesa 4. somos franceses 5. son guapos 6. son ricos

9. 1. hombre rico 2. chicas inteligentes 3. chico simpático 4. chica alta

10. 1. **está** 2. es 3. somos 4. es 5. es 6. son 7. está 8. estoy 9. es 10. es

11. **A** 1. escriben 2. soy 3. secretaria 4. una . . . buena 5. está 6. El español

B 1. Anabel comprende alemán. 2. Yo no leo francés. 3. Estas chicas son amigas. 4. Nosotros bailamos la salsa. 5. Jorge come mucho.

12, 13, 14 *Individual responses*

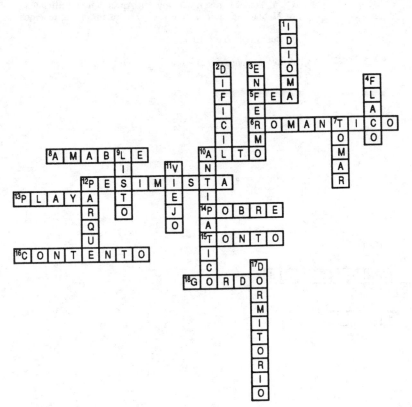

Lección tres

1. 1. Va 2. va 3. vamos 4. Van 5. Vas 6. van

2. 1. Sí, voy a trabajar esta noche. 2. Sí, las clases van a comenzar mañana. 3. Sí, voy a estar en casa esta tarde. 4. Sí, vamos a estudiar esta lección.

3. **A** 1. miércoles 2. domingo 3. viernes 4. jueves 5. sábado

B 1. Tengo una clase de inglés los martes. 2. Tenemos que estudiar español todos los días. 3. ¿Vienen ustedes el sábado? 4. Hoy es miércoles. 5. Los viernes son buenos. Los lunes son malos.

4. **A** 1. **vienen** 2. viene 3. Vienen 4. Vienes 5. Venís 6. vengo

B 1. No, no venimos a la universidad por la tarde. 2. No, el profesor no viene tarde a la clase. 3. No, (yo) no vengo tarde a la clase.

5. **A** 1. tiene 2. tiene 3. tienen 4. tengo 5. Tenemos 6. Tenéis

B 1. No, la profesora no tiene hermanos. 2. No, no tenemos clases difíciles. 3. No, no tengo clases los domingos.

6. 1. **Tengo que comprar un regalo.** 2. El profesor no tiene que trabajar el sábado. 3. Tenemos que estudiar ahora. 4. Los estudiantes tienen que aprender español. 5. Tenemos que venir a la clase mañana.

7. 1. **a la** 2. a la 3. al 4. al 5. al 6. al 7. al 8. al 9. al, a la

8. 1. del 2. del 3. de la 4. del 5. de las

9. **A.** 1. **El regalo es de Hortensia.** 2. El hospital es de la universidad. 3. Las oficinas son de los profesores 4. El coche nuevo es de mi hermano. 5. La casa grande es de mis padres. 6. El restaurante es de Ricardo.

B 1. **sus** 2. nuestro 3. su 4. sus 5. su 6. su

C 1. Mis amigos **están en casa.**
2. **Nuestro** amigo está en casa.
3. **Mi** amigo está **en el centro.**
4. Mis **tíos** están en el centro.
5. **Su** tío está en el centro.
6. Sus **hermanas** están **aquí.**
7. **Mis** hermanas están aquí.

10. **A** 1. **piensas** 2. Piensan 3. piensa 4. pensáis 5. Pienso

B 1. Quieren 2. Queremos 3. Quiere 4. quieres 5. Quieres

C 1. Entendemos 2. Entiendes 3. entienden

D 1. comienza 2. comienzo 3. Comienzan

E 1. prefiere 2. prefiero 3. Prefieren 4. preferimos

F 1. Sí, pienso estudiar esta noche. 2. Sí, entiendo bien la lección. 3. Sí, mis amigos quieren vivir en México. 4. Sí, los estudiantes quieren aprender francés también. 5. Sí, las clases comienzan esta semana. 6. Sí, preferimos comer en la cafetería.

11. **A** 1. a las seis 2. son las diez 3. a las cuatro 4. es la una

B 1. Voy a casa a las cinco en punto. 2. ¿Qué hora es? 3. Son las cinco menos diez de la tarde ahora. 4. La clase comienza a las ocho y media de la mañana. 5. Siempre estudio de (*or* por la *or* en la) noche. 6. ¿A qué hora vas a casa?

12. 1. a 2. not required 3. a 4. not required 5. a 6. not required 7. a

13. **A** 1. **mis hermanos** 2. tus amigos 3. queremos 4. vienen a la 5. del 6. tengo que 7. un

Lección tres – *crucigrama*

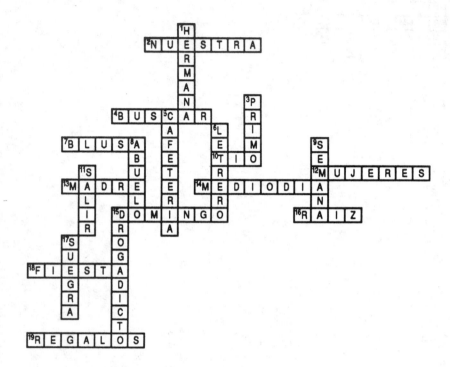

B 1. **Yo no voy a comprar tres casas.** 2. Ellos vienen de la Universidad de México. 3. Cecilia entiende cuatro idiomas y estudia mucho. 4. Él tiene que estar en la universidad a las nueve el sábado.

C 1. Tienes 2. son 3. voy 4. Aprenden *or* Entienden *or* Hablan 5. quiere 6. estoy 7. comienzan 8. tenemos

9. Buscan *or* Ven 10. es

14, 15, 16 *Individual responses*

Primer repaso

A 1. estás 2. está 3. está 4. estás 5. está

B 1. el 2. la 3. la 4. el 5. el 6. los 7. la 8. los 9. la 10 las 11. la 12. los

C 1. doce 2. veinte y seis *or* veintiséis 3. diez 4. cuarenta y una 5. diecisiete 6. veinte y un *or* veintiún 7. quince 8. un

D 1. ¿Está cansada la profesora? 2. ¿De quién es el lápiz? 3. ¿Dónde está mi libro? 4. ¿Cuándo estudias?

E 1. este 2. ese 3. aquella 4. aquellos

F 1. están 2. está 3. es 4. estoy

G 1. a las siete en punto 2. son las cuatro y quince de la tarde *or* Son las cuatro y cuarto de la tarde. 3. a la una de la mañana

H 1. not required 2. a 3. not required

I 1. ¿Qué significa "lápiz"? 2. Me llamo _____. 3. ¿Cómo te llamas? 4. Me gusta mi clase de español. 5. ¿Te gusta la música clásica? 6. ¿Dónde vive ella? 7. Él es mi amigo. 8. ¿Dónde está mi libro? 9. Mi papá es médico. 10. ¿Es usted francés? 11. ¡Mi novio es rico, guapo y simpático! 12. ¿Dónde vas a estudiar esta noche? 13. ¿Tienes que trabajar mañana? 14. Voy al cine con mis amigos. 15. Siempre vamos al parque los domingos.

J 1. Hay cuatro personas en mi familia. 2. No, no hablamos francés en la clase de español. 3. Sí, leemos muchos libros. 4. Sí, el profesor/la profesora habla bien el español. 5. Sí, los lunes vengo tarde a la clase. 6. No, no venimos de España. 7. Sí, mi compañero/a de cuarto tiene que ir a sus clases. 8. No, esos libros no son de los profesores. 9. Voy a estudiar a las ocho esta noche. 10. Sí, entiendo todas estas preguntas. 11. Nosotros preferimos comer en un restaurante. 12. Sí, queremos ir al cine con vosotros.

Lección cuarto

1. 1. **sigue** 2. piden 3. dicen 4. seguimos 5. dices 6. piden 7. digo 8. repiten 9. sirve

2. 1. **sé** 2. conocen 3. sabemos 4. conocemos 5. saben 6. conozco 7. Conoces 8. sabemos 9. Sabe 10. Conoces

3. 1. grandmother 2. gift 3. money 4. sandals 5. her

4. **A** 1. **La escuchamos.** 2. Lo necesitamos. 3. La conozco. 4. No la sé. 5. Las pido. 6. Lo ven. 7. La decís.

B 1. **Sí, la estudia.** 2. Sí, voy a aprenderlo. *or* Sí, lo voy a aprender. 3. Sí, las escribe. 4. Sí, voy a leerlo. *or* Sí, lo voy a leer.　5. Sí, lo tengo.　6. Sí, los leemos.　7. Sí, siempre lo pido.　8. Sí, las escribo ahora.　9. Sí, van a comprarlo hoy. *or* Sí, lo van a comprar hoy.　10. Sí, los quiero mucho.　11. Sí, lo comienza hoy.　12. Sí, ya los tengo.

C　1. Lo necesitamos.　2. Te quiero.　3. No la estudian.　4. No la conocemos.　5. No lo puedo hablar. *or* No puedo hablarlo.　6. Ella no quiere verme. *or* Ella no me quiere ver.

5.　1. Son setecientos veintidós.　2. Hay diez mil cuatrocientas cincuenta y nueve personas en esta universidad.　3. Hay

seis mil ochocientas noventa y una chicas en la universidad.　4. Este libro tiene doscientas cincuenta y ocho páginas.　5. Un millón doscientos treinta y ocho mil cuatrocientas cinco personas viven aquí.　6. Seis mil quinientos cuarenta estudiantes aprenden español.

6.　1. conoce　2. lo　3. sigues *or* estudias　4. muchos　5. Sigues *or* Tienes *or* Pides　6. La　7. mide　8. Sigue　9. sabe　10. las　11. verlo　12. treinta y un

7, 8, 9 *Individual responses*

Lección cuartro – *crucigrama*

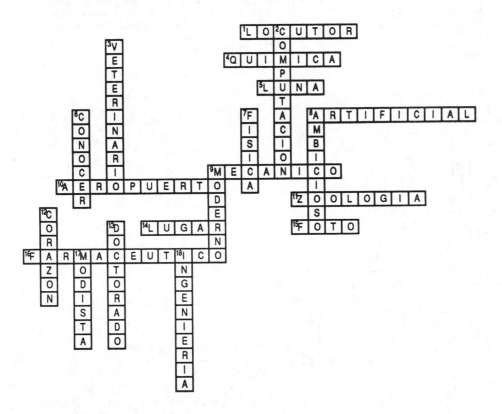

Lección cinco

1.　**A**　1. Hace viento hoy.　2. No, no está húmedo hoy.　3. Sí, hace frío donde vivo en el invierno.　4. Hace mucho sol en agosto.　5. No, no está nublado hoy.　6. Llueve mucho en junio y julio.　7. Hay nieve en Portillo.　8. Sí, hace mucho sol hoy. *or* Sí, hay mucho sol hoy.　9. Hay 20 grados de temperatura.　10. Hace buen tiempo en la primavera.

B　1. ¿Que tiempo hace en septiembre?　2. ¿Está nublado hoy?　3. Está muy fresco hoy.　4. ¿En qué estación (del año) hace calor?　5. ¿Hace mucho calor en abril?　6. Hace mal tiempo hoy.　7. ¿Te gusta esquiar en el invierno?　8. No me gusta cuando hace viento (hay viento).　9. ¿Qué tiempo hace en la primavera?　10. Siempre hace frío en enero.　11. ¿Está fresco hoy?　12. ¿Hay mucha nieve (or ¿Nieva mucho) en el invierno en Colorado?　13. ¿Cuál es la fecha de hoy?　14. Hoy es el veinte de mayo.　15. ¿Qué día del mes es hoy?　16. En Portillo hay 10 grados centígrados de temperatura.

2.　1. puedo　2. Llueve　3. duerme　4. cuesta　5. Pueden　6. vuelven

3.　**A**　1. **me**　2. Jason　3. her　4. us　5. him

B　1. le　2. me　3. les　4. nos　5. le　6. les

C　1. **mi amigo**—**Le presto el sobretodo.**　2. tu novia/o—¿Le escribes cartas?　3. nuestros padres—Les hablamos todos los días.　4. mi tía—No quiero escribirle. *or* No le quiero escribir.　5. mis amigos—Mi novia no quiere habarles. *or* Mi novia no les quiere hablar.

D　1. Sí, le quiero hablar. *or* Sí, quiero hablarle.　2. Marta me presta un lápiz.　3. No, no me escribe mucho.　4. Le escribo los domingos.　5. Me escribe los miércoles.

E　1. Ella quiere hablarme. *or* Ella me quiere hablar.　2. ¿Le escribes todos los domingos?　3. Cuando mi compañero/a de cuarto no tiene sobretodo, yo le presto uno.　4. Mi tío no nos compra regalos.

4. 1. **ella** 2. él 3. ellas 4. nosotros 5. usted
6. (con)migo

5. A 1. **Martín me lo presta.** 2. Te los presto. 3. Mi novio me las escribe. 4. ¿Quién se lo compra? 5. Ellos nos la prestan. 6. Se las mando mañana. 7. El banco no me lo presta. 8. Tienes que prestármelà. *or* Me la tienes que prestar. 9. ¿Quieres prestármelo? *or* ¿Me lo quieres prestar? 10. Él siempre se los compra a su novia.

B 1. **Sí, te lo presto hoy.** 2. Sí, se las mando. 3. Sí, se las compramos ahora. 4. Alberto me lo presta. 5. Sí, te lo compro. 6. Sí, queremos prestárselo. *or* Se lo queremos prestar. 7. Sí, te lo compro. 8. Sí, se los prestamos. 9. Sí, puedo dárselos. *or* Sí, se los puedo dar. 10. Se lo voy a mandar mañana. *or* Voy a mandárselo mañana.

6. A 1. **doy** 2. da 3. da 4. dan 5. das

B 1. **Sí, les doy dinero a mis hermanos.** 2. Mis padres me dan un regalo. 3. Les damos dinero en diciembre. 4. Mi novio/a me da besos para mi cumpleaños.

7. A 1. **A ella le gusta el clima de aquí.**
2. A ella le gustan **estos libros.**

3. **A nosotros** nos gustan estos libros.
4. A nosotros nos gusta **el frío.**
5. **A ti** te gusta el frío.
6. **A Gloria y a Anabel** no les gusta el frío.

B 1. **¿Te falta dinero?** 2. ¿A tus hermanas les gusta esquiar? 3. ¿Te parece que va a nevar? 4. ¿Te parece buena la clase? 5. ¿Les falta tiempo? *or* ¿Nos falta tiempo?

C 1. **Me gusta esta escuela.** 2. Me gusta también. *or* A mí me gusta también. 3. Nos faltan libros. 4. El clima le parece frío (a ella). 5. No nos gusta comprar regalos. 6. Le faltan amigos, no dinero.

8. 1. **Tengo sueño.** 2. Tengo miedo. 3. Tengo prisa.
4. Tengo celos. 5. Tengo razón. 6. Tengo sed.
7. Tengo veinticinco años. 8. Tengo hambre.

9. 1. (prestar)me 2. Está fresco. 3. Me gusta mucho.
4. mí 5. Tiene 6. Les 7. miedo 8. Hoy es el trece.
9. Sí, se los doy para su cumpleaños. 10. nos falta

10, 11, 12 *Individual responses*

Lección cinco – *crucigrama*

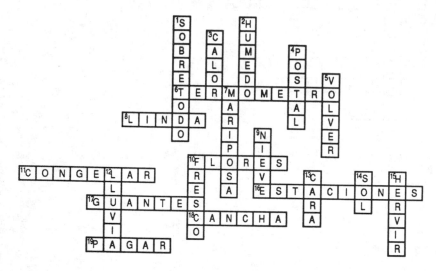

Lección seis

1. A 1. **me** 2. nos 3. se 4. te 5. se 6. se 7. te
8. nos 9. me 10. te

B 1. **se levanta** 2. Me lavo 3. Nos acostamos 4. Se afeitan 5. Te sientas 6. me visto 7. se despierta 8. se divierten

C 1. Me acuesto a las once de la tarde. 2. Me visto rápido. 3. Siempre nos sentamos aquí. 4. ¿Te lavas las manos antes de comer? 5. Mi papá se afeita antes de desayunar.

D 1. Se levanta a las seis. 2. Sí, me visto antes de desayunar. 3. Yo me levanto más temprano que mi compañero/a. 4. Nos acostamos a las doce. 5. Me despierto a las diez.

2. 1. **hablando** 2. aprendiendo 3. leyendo 4. cantando
5. poniendo 6. estudiando 7. escribiendo 8. trabajando
9. durmiendo 10. comiendo

3. A 1. **Estoy hablándole a Elena.** *or* **Le estoy hablando a**

Elena. 2. Estoy afeitándome ahora. *or* Me estoy afeitando ahora. 3. Está vistiéndose ahora. *or* Se está vistiendo ahora. 4. Estoy estudiándola ahora. *or* La estoy estudiando ahora. 5. Estoy bañándome ahora. *or* Me estoy bañando ahora. 6. Estoy lavándome las manos. *or* Me estoy lavando las manos. 7. Estoy escribiéndoles la carta. *or* Les estoy escribiendo la carta.

B 1. **Nosotros estamos hablándolo muy bien ahora.** *or* **Lo estamos hablando muy bien ahora.** 2. Estoy escribiéndola. *or* La estoy escribiendo. 3. Mi compañero/a está lavándose las manos. *or* Mi compañero/a se está lavando las manos. 4. Esa estudiante está comiéndolos. *or* Esa estudiante los está comiendo. 5. Ramón está poniéndose el sobretodo. *or* Ramón se está poniendo el sobretodo. 6. Mi amigo está cantando en el coro.

4. 1. **duermo** 2. dormimos 3. Pueden 4. podemos
5. almuerza 6. vuelves, volvemos 7. Pueden, ir
8. almuerzan 9. mueren 10. encuentran

5. A 1. **Lo leo.** 2. Lo compro. 3. La veo. 4. Lo tengo.
5. La estoy escribiendo. *or* Estoy escribiéndola. 6. Lo estamos aprendiendo. *or* Estamos aprendiéndolo.

B 1. **Le** 2. Nos 3. Me 4. Les 5. le 6. les

6. **A** 1. lo 2. (comprar)le 3. te la 4. Nos levantamos
5. se siente 6. Va a bañarse 7. se despiertan

B 1. durmiendo 2. leyendo 3. comiendo 4. vistiéndose
5. lavándose

7, 8, 9 *Individual responses*

Lección seis – *crucigrama*

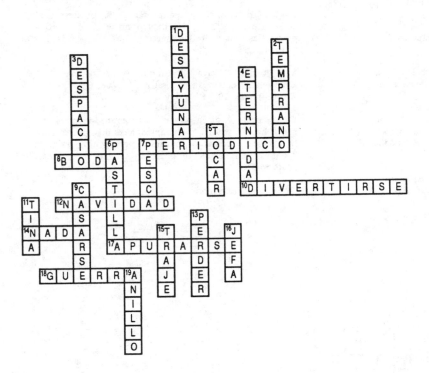

Segundo repaso

A 1. saben 2. conozco 3. sabe 4. Conoces

B 1. Voy a estudiarla esta noche. *or* La voy a estudiar esta
noche. 2. Lo tengo en casa. 3. No, no lo necesito ahora.

C 1. me 2. le 3. te 4. nos

D 1. me 2. nos 3. te 4. os 5. te 6. se

E 1. haciendo 2. escribiendo 3. durmiendo

F 1. ¿Qué tiempo hace hoy? 2. No hace frío. Hace
viento. 3. ¿Cuál es la fecha de hoy? 4. Es el veintiuno
de enero. 5. No voy a comprarte un regalo. *or* No te voy
a comprar un regalo. 6. ¿Te gusta el clima de aquí?
7. ¡El clima de aquí me parece muy frío! 8. Tengo mucha
prisa. 9. Tienes razón. 10. ¿Cuántos años tienes?
11. Voy a acostarme a las diez esta noche. *or* Me voy a
acostar a las diez esta noche. 12. ¿No te lavas las manos
primero?

G 1. La servimos a las siete. 2. No, no lo necesito ahora.
3. Voy a estudiarla el sábado. *or* La voy a estudiar el
sábado. 4. Tiene quinientas veintiuna páginas. 5. Sigo la
carrera de ingeniería. 6. No, no puedo ir al cine con
ustedes. 7. En marzo llueve mucho aquí. 8. No, no
quiero hablarle después de la clase. 9. Sí, le escribo
mucho. 10. No, no puedo prestarte un coche. *or* No, no te
puedo prestar un coche. 11. Mis padres me dan dinero
para mi cumpleaños. 12. Me parece una clase muy buena.
13. Sí, lo tengo. 14. Mi compañero/a de cuarto me lo
presta cuando lo necesito. 15. Sí, se lo voy a dar. *or* Sí,
voy a dárselo. 16. Sí, me baño antes de vestirme por la

mañana. 17. Almuerzo a las doce y media. 18. Sí,
demasiadas personas mueren en accidentes.

Lección siete

1. 1. viva 2. trabaje 3. escriban 4. comamos 5. cante
6. aprendas 7. compren 8. permitan 9. escuche
10. entréis

2. **A** 1. **Quiero que compren comida para la fiesta.** 2. Su
mamá no quiere que Isabel lleve sandalias. 3. Mis amigos
dudan que mi hermano viva conmigo. 4. Les pido que
entren ahora. 5. Sentimos que mi compañero no cante
con nosotros. 6. Prefiero que mi papá no se preocupe
mucho. 7. Siento que mis compañeros escuchen la radio
toda la noche. 8. Mis compañeros insisten en que me
bañe por la mañana.

B 1. **Quiero que Manuel se levante más temprano.**
2. Quiero que Cristina estudie la lección. 3. Quiero que
ellos llamen a la policía. 4. Quiero que los estudiantes
hablen español en la clase. 5. Quiero que Alberto lea ese
libro. 6. Quiero que mis amigos me compren un regalo.
7. Quiero que mi novia lleve jeans.

C 1. Quiero que vendas mi coche. 2. El profesor/La
profesora quiere que hablemos español. 3. ¿Quieres que
yo te escriba? 4. Ella no quiere que yo trabaje hoy.
5. ¿No quiere usted que escuchemos la radio?

3. **A** 1. **vengan** 2. diga 3. venga 4. haga 5. pongas
6. traigan

B 1. **Quiero que me digan la verdad.** (I want them to tell me the truth.) 2. ¿Espera usted que salgamos de clase temprano? (Do you hope [Are you hoping] that we'll leave [get out of] class early?) 3. ¿Qué quieren ustedes que hagamos ahora? (What do you want us to do now?) 4. Dudo que ella me acompañe a la fiesta. (I doubt she will go with me [accompany me] to the party.) 5. Mi novia siente que yo no tenga más dinero. (My girlfriend is sorry [regrets] that I don't have more money.) 6. Los profesores insisten en que estudiemos día y noche. (The professors insist that we study all the time [day and night].)

4. 1. **pedir** 2. preguntar 3. hace preguntas 4. pide 5. preguntar 6. piden 7. pedir 8. hacen preguntas 9. preguntar 10. pide

5. **A** 1. **Sí, compre esos jeans.** 2. Sí, diga la verdad. 3. Sí, salga ahora. 4. Sí, venga ahora. 5. Sí, vuelva más tarde. 6. Sí, vaya con ellos.

B 1. **Escriba la carta hoy.** 2. Hablen español, por favor. 3. Estudien la lección esta noche. 4. Traiga su libro a la clase. 5. No duerma en clase. 6. No ponga esas sandalias en la mesa.

6. **A** 1. **Sí, déselo. No, no se lo dé.** 2. Sí, déselos. No, no se los dé. 3. Sí, préstoselo. No, no se lo preste. 4. Sí, tráigamelas mañana. No, no me las traiga mañana. 5. Sí, escríbasela hoy. No, no se la escriba hoy. 6. Sí, háblele ahora. No, no le hable ahora.

B 1. **No me escriba una carta.** 2. No le dé el zapato. 3. No le preste el cinturón. 4. No nos lea el periódico. 5. No me traiga las camisas.

C 1. **Sí, láveselas.** or No, no se las lave. 2. Sí, tráigamelo. or No, no me lo traiga. 3. Sí, démelo. or No, no me lo dé. 4. Sí, póngaselo. or No, no se lo ponga. 5. Sí, acuéstese temprano. or No, no se acueste temprano. 6. Sí, duérmase en la clase. or No, no se duerma en la clase.

D 1. **Sí, déselos. No, no se los dé.** 2. Sí, préstesela. No, no se la preste. 3. Sí, déselo. No, no se lo dé. 4. Sí, présteselas. No, no se las preste. 5. Sí, tráigaselos. No, no se los traiga.

7. **A** 1. hables 2. vaya 3. estudie 4. Tráigamela 5. nos levantemos 6. vengan 7. hagas 8. Vuelve 9. comprenda 10. se los doy

B 1. vayan 2. dicen, saben 3. quieran, sepan 4. comer, hacer, hablar, tener 5. comamos, hagamos, preparemos, traigamos 6. comamos, hagamos, preparemos, traigamos 7. Sabes 8. tenemos 9. preparen, tengan, traigan, hagan 10. termine

8, 9, 10 *Individual responses*

Lección siete – *crucigrama*

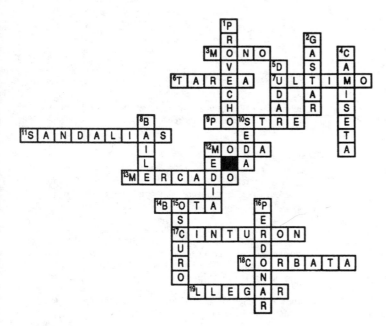

Lección ocho

1. **A** 1. **Mi hermana vivió en Monterrey.** 2. Mis amigos hablaron inglés. 3. Aprendimos la lección en la clase. 4. Les escribí cartas a mis amigos. 5. Mi mamá cantó en la fiesta. 6. No compramos ropa en esta tienda. 7. ¿Hablaste con el profesor? 8. Los estudiantes respondieron rápido. 9. Mis compañeras comieron a las cinco. 10. Me levanté tarde. 11. Miramos la televisión antes de acostarnos. 12. La clase comenzó a las nueve. 13. Me acosté temprano. 14. Volvimos tarde. 15. ¿Quién te prestó dinero?

B 1. La semana pasada yo trabajé con mi papá. 2. Mi compañero volvió a casa a medianoche. 3. Mi hermanito lloró toda la noche. 4. ¿Qué compraste tú en la tienda ayer? 5. ¿A qué hora salieron ustedes de la casa esta mañana?

C 1. **No, le hablé ayer por la tarde.** 2. La estudiamos anoche. 3. No, la terminaron ayer. 4. No, ya se levantó. 5. No, me escribieron la semana pasada. 6. Salió para su casa el lunes pasado. 7. No, ya comí.

2. **A** 1. **Mi novia estuvo en Nueva York.** 2. Tuve que ir al baile de gala. 3. Supimos que usted es amiga del presidente de la universidad. 4. ¿Te pusiste el sombrero antes de salir? 5. No pudieron venir con nosotros. 6. Elena no quiso verme. 7. Hicimos el trabajo en casa. 8. ¿Viniste a la fiesta? 9. Estuve con mis amigos de California. 10. ¿Supiste la dirección de mi casa?

B 1. Ayer (yo) no pude salir de la casa. 2. Hoy mi novia vino a mi casa. 3. Mi padre hizo el trabajo anoche. 4. Mis padres me dieron consejos. 5. Los niños no qùisieron ponerse (or no se quisieron poner) los zapatos. 6. (Nosotros) estuvimos enfermos ayer. 7. Luis tuvo que estudiar ayer. 8. Mis amigos no vinieron a la casa anoche. 9. (Yo) no vi a mi novio/a anoche. 10. Mis amigos estuvieron conmigo en el cine.

C 1. **Vinieron ayer.** 2. Las hicimos anoche. 3. No, vino ayer. 4. No, pero anoche se puso de mal humor. 5. Los vi la semana pasada. 6. Se los di ayer después de la clase.

3. **A** 1. **went** 2. **was** 3. **Were** 4. **Did (they) go** 5. We were 6. We went

B 1. **Mi compañero de cuarto fue conmigo.** 2. Fui al cine anoche. 3. El Presidente Washington fue el primer presidente de los Estados Unidos. 4. Sí, fuimos a la fiesta

el sábado pasado. 5. No, no fui estudiante de francés el semestre pasado.

4. **A** 1. **Sí, comí algo. No, no comí nada.** 2. Sí, estudiamos mucho anoche. No, no estudiamos nada anoche. 3. Sí, vi a alguien en el parque. No, no vi a nadie en el parque. 4. Sí, vendimos mucho. No, no vendimos nada. 5. Sí, hicimos algunos viajes a España. No, no hicimos ningún viaje a España.

B 1. **no fue tampoco.** 2. **vinimos tarde también.** 3. se lavó las manos también. 4. no te afeitaste tampoco. 5. se levantó temprano también. 6. no recibió dinero tampoco.

5. 1. fuimos 2. preguntó 3. comí 4. respondí 5. salió 6. bañé 7. acosté 8. dormí

6, 7, 8 *Individual responses*

Lección ocho – *crucigrama*

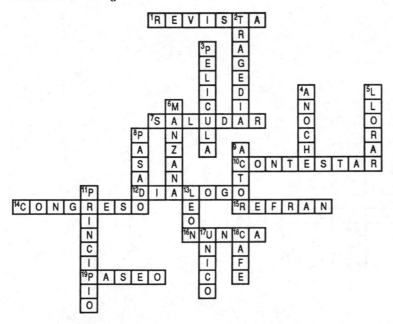

Lección nueve

1. **A** 1. **Mi hermano se divirtió mucho con sus amigos.** 2. Ellos pidieron churrascos. 3. Sirvimos la cena a las nueve. 4. Alejando no pidió postre. 5. Luz me sirvió churrascos. 6. ¿Se divirtieron mucho ustedes en la clase? 7. Paco se divirtió en el restaurante. 8. Mis amigos prefirieron ir a La Cabaña. 9. Jorge no le pidió dinero a su papá. 10. Mi compañero/a prefirió comer tarde.

B 1. Me sirvieron churrascos. 2. Sí, nos divertimos en la clase. 3. Mi compañero/a me pidió cinco dólares. 4. Sí, nos sirvieron pan con la cena. 5. Sí, lo pedí. 6. Mi novio/a pidió fruta. 7. Sí, me divertí en el baile la semana pasada. 8. Pedí una hamburguesa la última vez que fui a un restaurante.

2. **A** 1. murieron 2. dormí 3. durmió 4. murió 5. Te dormiste 6. se murió

B 1. Dormí por ocho horas. 2. No, el profesor/la profesora no se durmió en la clase. 3. Sí, muchas personas murieron en la Guerra Civil de España.

3. **A** 1. Les dijimos la verdad. 2. Mi novia me trajo un regalo. 3. ¿Trajiste comida a la fiesta? 4. ¿Qué le dijiste a tu compañera de cuarto? 5. ¿Qué trajeron ellos en las bolsas?

B 1. Sí, los traje a la clase. 2. No, no le dije nada. 3. Sí, los trajimos a la fiesta. 4. No, no me la dijo. 5. El mozo nos lo trajo. 6. Sí, dijimos que nos gustó la comida. (or Sí, lo dijimos.)

4. **A** 1. Mi compañero no me creyó. 2. No oí bien la música. 3. ¿Quiénes construyeron esas casas? 4. ¿Cuándo leíste ese libro? 5. Mi papá no oyó bien. 6. Leí la lección antes de acostarme.

B 1. Sí, lo leí. 2. No, no oí nada. 3. Sí, mis amigos la leyeron. 4. No, no la construimos. 5. Sí, los estudiantes lo/la creyeron.

5. **A** 1. No toqué el piano. 2. Le entregué la revista. 3. Comencé temprano. 4. Llegué a las once. 5. Busqué el restaurante La Cabaña pero no lo encontré. 6. Empecé a trabajar después de comer.

B 1. Yo llegué primero a la clase hoy. 2. Empezó a las nueve de la mañana. 3. Sí, busqué un libro de historia. 4. Sí, lo toqué en la fiesta el sábado pasado. 5. Sí, comencé a esquiar el invierno pasado.

6. **A** 1. **Escribe la carta.** 2. Come los churrascos. 3. Habla con la profesora. 4. Lee esa lección. 5. Compra unas naranjas. 6. Pide jugo de naranja. 7. Bebe esa leche. 8. Di la verdad. 9. Sal de aquí. 10. Pon tus libros en la mesa.

B 1. **No, no vayas con ellos.** 2. No, no pidas postre. 3. No, no compres una hamburguesa. 4. No, no pongas los libros aquí. 5. No, no salgas temprano. 6. No, no comiences ahora. 7. No, no respondas a la pregunta. 8. No, no comas ahora. 9. No, no digas las razones. 10. No, no tomes nada.

7. **A** 1. Sí, dígale la verdad. No, no le diga la verdad. 2. Sí, vengan temprano. No, no vengan temprano. 3. Sí, escríbanos cada semana. No, no nos escriba cada semana. 4. Sí, tráigame algo de la tienda. No, no me traiga nada de la tienda.

B 1. **Sea simpático.** 2. **Sé simpático.** 3. **No vengas tarde.** 4. Ten cuidado. 5. Diga la verdad. 6. No duerma tanto. 7. Coma todo. 8. No leas esos libros. 9. No vaya al cine todos los días. 10. No traiga muchos regalos.

8. 1. pase 2. digan 3. comencemos 4. puedan 5. llamen 6. se sienten

9. **A** 1. No, no le di cinco dólares. 2. Sí, nos divertimos mucho. 3. No vayas a la fiesta esta noche. 4. Dormí un poco. 5. Hoy llegué a la clase a las ocho en punto. 6. Me desperté a las seis y media. 8. Ten más cuidado. 9. Sí, nos acostamos muy tarde anoche.

B 1. ¿Dónde durmió usted anoche? 2. Me levanté temprano esta mañana. 3. Llámala mañana. 4. Por favor, no se preocupe. 5. No traje un lápiz. Préstame uno, por favor. 6. ¿Pidió usted permiso?

10, 11, 12, 13 *Individual responses*

Lección nueve – *crucigrama*

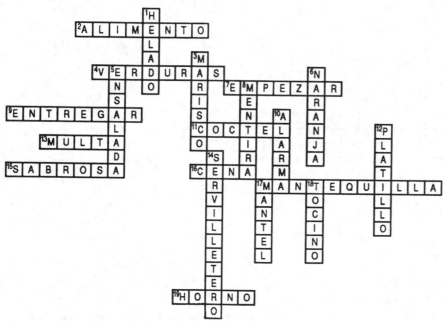

Tercer repaso

A 1. trabaje 2. vivamos 3. haga 4. diga 5. permita 6. pongan 7. traiga 8. aprenda

B 1. pide 2. preguntar(le) 3. hacen preguntas 4. pide

C 1. Anoche me acosté a las diez y media. 2. ¿Qué compraste en la tienda ayer? 3. ¿A qué hora salió tu compañero/a de la casa esta mañana? 4. ¿Vinieron ustedes a la fiesta anoche? 5. Me puse el sobretodo antes de salir de la casa. 6. Mi novio/a no estuvo conmigo ayer.

D 1. Sí, siempre estudio. No, nunca estudio. 2. Sí, vimos a alguien en el cine. No, no vimos a nadie en el cine. 3. Sí, siempre las hago. No, nunca las hago.

E 1. Come estos churrascos. 2. Lee tu libro ahora. 3. No vengas tarde a la clase. 4. Ponte ese sombrero, por favor. 5. No salgas sin permiso. 6. Acuéstate más temprano.

F 1. Quiero que me vendas tu carro (*or* coche).

2. Ella no quiere que la visite. 3. Nuestro profesor/Nuestra profesora quiere que estudiemos muy bien estas lecciones. 4. Dudo que sepa tocar la guitarra. 5. Estudien mucho, por favor. 6. ¡No venga tarde! 7. Démelo ahora, por favor.

G 1. Quiero que juguemos en la clase mañana. 2. Prefiero que que mi novio/a me llame esta noche. 3. Prefiero cantar en la clase de español. 4. Los profesores insisten en que los estudiantes estudien mucho. 5. Espero que mis padres me manden dinero. 6. No, no fui al baile el sábado pasado. 7. Sí, fuimos amigos el año pasado. 8. Vine a la universidad a las nueve de la mañana. 9. Sí, tuve que trabajar toda la noche. 10. Sí, leímos muchos libros en esa clase. 11. Le di pantalones a mi novio/a para su para su último cumpleaños. 12. Sí, nos divertimos en la clase ayer. 13. No, mi compañero/a de cuarto no me sirvió el desayuno esta mañana. 14. Sí, dormí bien anoche. 15. No, los estudiantes no los trajeron a la clase hoy. 16. Sí, dije que me gustan churrascos. 17. No, no la oí bien en la radio. 18. No, mi amiga Carmen lo tocó en el concierto. 19. El lunes la clase comenzó a las nueve y media.

Lección diez

1.　**A**　1. **Trabajábamos**　2. Hablaba　3. Decían　4. vivía
5. aprendían　6. Pasabas　7. comprendía　8. Vivíamos
9. aprendían　10. venía　11. Aprendíamos　12. vivían
13. Hablaban　14. Entendías　15. estaban

　　B　1. me bañaba　2. vendían　3. conocíamos
4. Tomabas　5. lavaba　6. sentía　7. tocaba　8. pedían
9. esperaba　10. Se divertía

　　C　1. Silvia vivía con su tía.　2. ¿Dónde descansabas
cuando estabas cansado/a?　3. Cantábamos en la
televisión.　4. ¿Qué hacías?　5. Siempre hablábamos
español en casa.

2.　**A**　1. **Era**　2. Íbamos　3. veía　4. Íbas　5. Eran
6. Veían　7. Veía　8. Eran　9. era, íbamos　10. veía

　　B　1. Yo iba al campo con mi papá.　2. ¿De qué color
era tu casa?　3. ¿Adónde ibas?　4. Él era muy listo
cuando era más joven.　5. ¿Veían un partido todos los
fines de semana?

3.　1. **fácilmente**　2. frecuentemente　3. felizmente
4. públicamente　5. solamente　6. usualmente

4.　1. **Eugenio no comió tanta ensalada como José.**　2. Raúl
sabía tanto como Pepe acerca de España.　3. Elena era
tan alta como Claudia.　4. Rosa siempre estudiaba tanto
como Juan.　5. Nadie dormía tanto como Jorge.　6. Tengo
tanto dinero como Ricardo.

5.　1. **El señor Rodríguez es más feliz que su esposa.**
2. Manolo tiene menos dinero que Miguel.　3. Silvia
aprende más en la clase que Juana.　4. Mi compañero/a
de cuarto tiene más de mil dólares en el banco.　5. Carlos
parece más inteligente que Tomás.　6. Mi papá tiene más
de treinta y dos años.　7. Mis amigos/as son más ricos/as
que yo.　8. Creo que Anita es más bonita que Carmen.
9. Voy al cine más frecuentemente que mis compañeros/as
de cuarto.　10. Tus clases son más fáciles que mis clases.

6.　1. **El carro de Miguel el mejor que el de Manolo.**　2. **Estos
zapatos son peores que esos zapatos.**　3. Este libro es
mejor que el otro.　4. La fiesta de anoche fue peor que
esta fiesta.　5. Soy mayor que mi hermano.　6. Soy más
pequeño que él. *or* Soy más bajo que él.　7. Sara es
menor que su hermana.

7.　**A**　1. **mayor**　2. jugábamos　3. Eran　4. más fácil que
5. tanto . . . como　6. más　7. más de　8. tan . . . como

　　B　1. ¡Esa clase era facilísima!　2. ¿Visitaban ustedes a
sus abuelos cada verano (todos los veranos)?　3. No tengo
tanto tiempo como tú.　4. ¿Tienes más de veinticinco
dólares?　5. Siempre hablábamos más en español que en
inglés en la clase.　6. ¿Quién es tu mejor amigo/a?
7. Tengo menos de diez dólares.　8. Esta película es peor
que la película de anoche.

8, 9, 10, 11　*Individual responses*

Lección diez – *crucigrama*

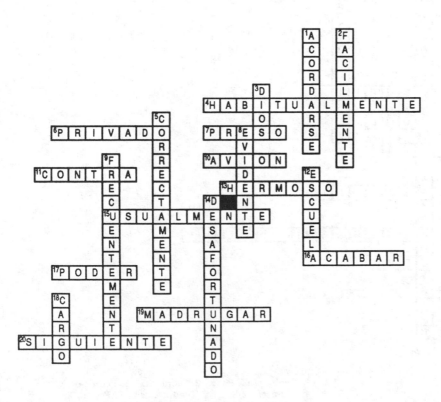

Lección once

1. **A** 1. **gustó** 2. visitabas 3. Vivieron 4. comías 5. ayudaba 6. hablaba 7. eras 8. daban

   B 1. **gustaba** 2. era 3. dijo 4. iba 5. contó 6. sabía 7. jugaba 8. era

   C 1. **Ella iba a la escuela.** 2. Hablé en la reunión. 3. Íbamos al parque 4. Ella dormía bien. 5. Salimos temprano 6. Él se acostaba a las diez. 7. Él se acostó a las once. 8. ¿Llovió?

2. 1. **¿Qué estaba haciendo usted cuando él entró?** 2. ¿Quién estaba hablando cuando ellos pasaron? 3. ¿Qué estabas leyendo cuando te llamé? 4. ¿Qué estaban escribiendo ellas? 5. Estaba lloviendo cuando me desperté. 6. Federico estaba bailando con Debbie cuando Alicia lo vio.

3. 1. **Lo conocí** 2. Yo sabía 3. Pudimos 4. Conocías a Benito 5. Cuándo supiste 6. Quería abrir la puerta 7. Sabías

4. 1. **es menos pobre, es la menos pobre.** 2. es más fácil, es la más fácil. 3. es más alta, es la más alta. 4. es más pequeña *or* menor, es la más pequeña *or* la menor. 5. es peor, es la peor. 6. es mejor, es el mejor. 7. es más grande, es el más grande. 8. es más vieja, es la más vieja.

5. 1. **Luisa canta mejor que yo.** 2. Pedro estudia mejor que Francisco. 3. Yo hablo español mejor que mi compañero/a. 4. Carlos juega peor que Eduardo. 5. Yo toco peor que me primo.

6. 1. **El español es importantísimo.** 2. El español es facilísimo. 3. Ella es bellísima. 4. El postre está riquísimo. 5. La revolución fue peligrosísima. 6. Las camisas son blanquísimas.

7. **A** 1. **Hace varios meses que hablamos español.** 2. Hace tres años que trabaja este profesor en la universidad. 3. Hace dos días que no le escribo a mi novio/a. 4. Hace tres horas que estudio esta lección. 5. Hace mucho tiempo que no vemos un campeonato de ajedrez. 6. Hace diez minutos que estoy esperando aquí.

   B 1. **Hace diez semanas que empezó el semestre. El semestre empezó hace diez semanas.** 2. Hace una hora y media que comenzó la película. La película comenzó hace una hora y media. 3. Hace dos días o más que salió el artículo en el periódico. El artículo salió en el periódico hace dos días o más. 4. Hace una semana que recibí la carta. Recibí la carta hace una semana. 5. Hace treinta años que se casaron mis padres. Mis padres se casaron hace treinta años.

8. 1. **bailaba . . . esperaba** 2. sabía . . . se murió 3. fueron 4. iba 5. hacías 6. me levantaba 7. Trajo 8. jugaba 9. más bonita 10. estaba hablando

9, 10, 11, 12 *Individual responses*

Lección once — *crucigrama*

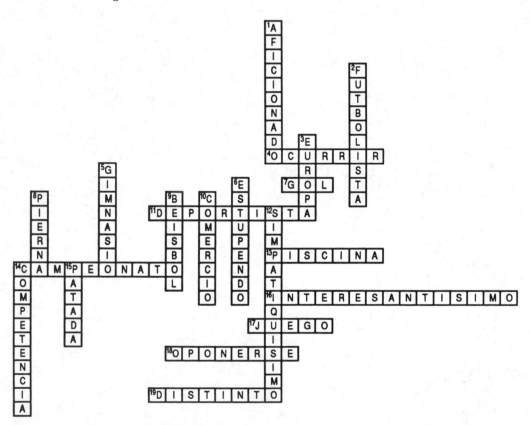

Lección doce

1. 1. **cantará** 2. se probará 3. irás 4. responderán 5. Pedirán 6. olvidará 7. volverán 8. traerá 9. sugerirán 10. Me afeitaré

2. 1. **Vendrá el profesor** 2. Sabrá ella 3. Podremos 4. saldrá el médico 5. Tendrá usted 6. Pondrá la muchacha 7. harán ustedes 8. tendrás 9. valdrá 10. habrá

3. 1. ¿Tendrá sed Mario? 2. ¿Será él la persona que vimos? 3. ¿Dónde estará mi compañero/a de cuarto? 4. ¿Qué hará Elena esta noche? 5. ¿Qué estarán comiendo?

4. 1. ¿Vengo ahora? 2. ¿Estudiamos esta noche? 3. ¿Bailamos? 4. ¿Nos acompañas? 5. ¿Compro el broche o los aretes?

5. **A** 1. **No, prefiero éstos.** 2. No, prefiero éste. 3. No, prefiero ésta. 4. No, prefiero éstos. 5. No, prefiero éstas.

B 1. **Aquél me gusta más.** 2. Aquéllos me gustan más. 3. Aquél me gusta más.

C 1. **Me interesa más ése.** 2. Me interesa más ésa. 3. Me interesan más ésos.

D 1. Éste 2. Aquéllos 3. Eso 4. Aquéllas 5. ése

6. 1. **¿Dónde se venden buenas joyas?** 2. ¿Dónde se escribieron estos libros? 3. Se abrieron las puertas a las nueve. 4. ¿Cómo se recibió la decisión? 5. No se venden camisas aquí. 6. Se encontró mi sobretodo en el parque. 7. Se jugarán dos partidos mañana.

7. 1. **Le escribo mañana.** 2. Él viene a mi casa esta noche. 3. Los veo esta noche. 4. Me da los papeles mañana. 5. Nos (lo) dicen la próxima semana (la semana que viene).

8. 1. Te hablamos (*or* Te hablaremos) después (más tarde). 2. ¿Qué hora será? 3. ¿Compro este disco? 4. No queremos regresar (volver) mañana, pero lo haremos. 5. Este broche es bonito, pero ése es más bonito. 6. ¿Cómo se baila la salsa? 7. Se cerraron las puertas a las siete. 8. No me gustan estos anillos. Prefiero aquéllos.

9, 10, 11, 12 *Individual responses*

Lección doce – *crucigrama*

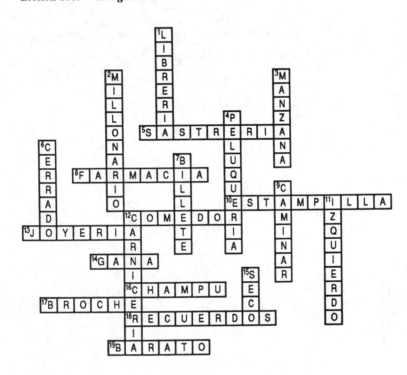

Cuarto repaso

A 1. rápidamente 2. felizmente 3. solamente 4. usualmente 5. frecuentemente 6. fácilmente

B 1. trabajaba 2. gustó 3. hacías 4. estuvimos 5. asististe

C 1. importantísimo 2. riquísimo 3. facilísimo 4. blanquísimo

D 1. estarás 2. Tendrán 3. harás 4. habrá 5. iráis

E 1. Éste 2. Eso 3. Aquéllos

F 1. Yo estudiaba todos los sábados. 2. ¿Visitabas a tus abuelos los domingos? 3. Soy tan alto/a como mi papá. 4. ¿Estudias tanto como tus compañeros/a de clase? 5. Estudio más que mis compañeros/a de clase. 6. Sus clases son más fáciles que mis clases. 7. No tengo tanto dinero como mi compañero/a de cuarto. 8. Mi profesor/profesora es mejor que tu profesor/a. 9. Conocí a tu compañero/a de cuarto la semana pasada. 10. ¿Sabían ustedes que iba a haber examen el viernes pasado? 11. ¡Hace cinco años que mi compañero/a de cuarto asiste a esta universidad! 12. ¿Hace cuánto tiempo que viniste a la universidad? 13. ¿Qué estará pensando ella? 14. ¿Vamos al cine o estudiamos?

G 1. Sí, iba al cine con mis amigos frecuentemente. 2. Mi casa era roja. *or* Mi casa era de color rojo. 3. Claro, soy tan inteligente como mi compañero/a de clase. 4. No, no estudiaba tanto como mis hermanos. 5. Sí, me gustaba ir a los partidos de fútbol. 6. Sí, mi clase de español es mejor que la clase de mi amigo/a. 7. Yo estaba leyendo cuando el profesor/la profesora entró en la clase. 8. Sí, estaba lloviendo cuando me desperté esta mañana. 9. No, no pude terminar los estudios anoche. 10. Lo/La conocí en esta clase. 11. Ricardo es el más rico de mis amigos. 12. Sí, mi cama es la peor de todas en el apartamento.

13. Ana María es la más alta de las chicas en la clase.
14. Hace seis meses que estudio español.   15. Hace dos
semanas que recibí la última carta de mi familia.   16. Sí,
el profesor/la profesora viene (*or* vendrá) a la fiesta esta
vez.   17. Me bañaré mañana después de despertarme.
18. Me gusta más ésta.   19. Se comen tapas en el bar.
20. No, se compra carne en la carnicería.   21. Sí, se
escribió este libro en mil novecientos noventa.   22. Sí, les
escribo este fin de semana.

Lección trece

1. **A** 1. **Sería** 2. Compraría 3. Visitaría 4. Dormirías
    5. Vivirían 6. Comerían 7. Hablaría 8. Conocerías
    9. Tocaría 10. Traería 11. Entraríamos 12. Trabajarías

    B 1. **Dijeron, volverían** 2. dijo, estaría 3. Prometiste,
    hablarías 4. Dije, ganaríamos 5. dijo, contaría 6. dije,
    llevaría 7. indicó, nevaría 8. dijo, conocería

2. **A** 1. **dijeron, podrían** 2. Prometí, me pondría 3. dijo,
    habría 4. prometió, diría 5. prometieron, harían

    B 1. **Tendría que preguntarle a mi papá.** 2. Yo no
    tendría su paciencia.   3. No dirías eso otra vez, ¿verdad?
    4. Estos aretes valdrían más en los Estados Unidos.   5. Él
    dijo que habría fiesta para mi cumpleaños.   6. Él dijo que
    diría todo.

3. 1. **Podría** 2. pasaría 3. prestarías 4. pediría
    5. deberían 6. podrían 7. permitirías

4. 1. **No sé, serían las doce cuando volvió.** 2. No sé, estaría
    en España.   3. No sé, sería el siglo pasado.   4. No sé,

sería el embajador.   5. No sé, serían las siete y media.
6. No sé, estaría en el autobús.   7. No sé, sería el gordo.
8. No sé, vendrían para jugar.   9. No sé, comenzaría a la
una.   10. No sé, iría a casa.   11. No sé, compraría un
regalo para su novia.   12. No sé, sería una estudiante de
otra universidad.

5. **A** 1. **para** 2. para 3. por 4. para 5. por 6. por
    7. por 8. por 9. Para 10. para 11. por 12. para
    13. por 14. por 15 para

    B 1. **Creía que él me llamaría para las ocho.** 2. ¿Cuánto
    pagaste por esos boletos (billetes)?   3. Por lo menos (Al
    menos) no tenemos que buscar hotel.   4. Él trabaja para
    la compañía de mi tío.   5. Por ahora, estamos bien.
    6. Vine a la universidad para estudiar medicina.
    7. Mañana por la tarde saldremos para Mazatlán.
    8. ¿Hay un correo por aquí?

6. 1. **¿Dónde se puede comprar pan?** 2. ¿Por qué se estudia
    en la biblioteca?   3. ¿Dónde se habla alemán?   4. ¿Se
    baila aquí todos los sábados?   5. ¿Cuándo se puede
    jugar?   6. ¿Dónde se prepara esa comida?   7. ¿Por
    dónde se sale?   8. ¿Cómo se sabe si es la verdad?

7. 1. Espero que alguien me llame esta noche.   2. Mis
    compañeros/as de cuarto quieren que yo prepare la cena.
    3. Dudo que me ayuden.   4. Voy a pedirle a Miguel que
    coma con nosotros.   5. Dicen que quieren que lo invite.

8. 1. vendría 2. pesca 3. debería *or* debe 4. serían
    5. levantaría 6. vendería 7. Estaría 8. gustaría 9. toca
    10. buscaría

9, 10, 11, 12 *Individual responses*

Lección trece – *crucigrama*

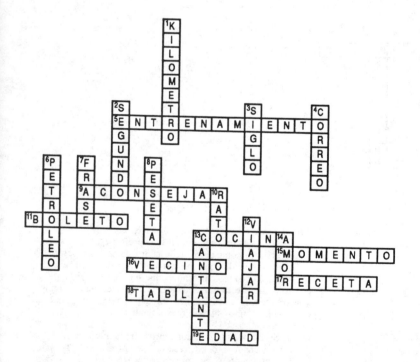

Lección catorce

1. 1. **salido** 2. regresado 3. respondido 4. roto
    5. divertido 6. fumado 7. sido 8. visto 9. tenido
    10. abierto 11. creído 12. hecho 13. trabajado
    14. dicho 15. muerto 16. venido 17. puesto
    18. almorzado 19. vuelto 20. escrito

2. **A** 1. **Sí, han estudiado** 2. Sí, me han dado la dirección.
    3. Sí, ha cantado con un grupo famoso.   4. Sí, ha traído su
    libro a la clase.   5. Sí, me han visitado esta semana.   6. Sí,
    mi compañero/a ha vuelto a casa hoy.   7. Sí, la hemos
    pagado.   8. Sí, la hemos visto.   9. Sí, les he escrito.
    10. Sí, las hemos hecho.

B 1. **No, porque ya me he afeitado.** 2. No, porque ya nos ha visitado. 3. No, porque ya he ido. 4. No, porque ya lo/la he llamado. 5. No, porque ya nos ha escrito. 6. No, porque ya ha habido fiesta. 7. No, porque ya la he abierto. 8. No, porque ya las he hecho. 9. No, porque ya la hemos visto. 10. No, porque ya han vuelto

3. 1. **Dijo que había tomado un par de cervezas.** 2. Dijo que no había sufrido de anorexia. 3. Dijeron que no habían comido nada. 4. Dije que no había oído del accidente. 5. Dijo que no había tomado un montón de pastillas. 6. Dije que le había traído un regalo a Susana. 7. Dijeron que habían venido a visitarte. 8. Dijo que no había ido de compras.

4. **A** 1. **No, no habrá llegado todavía.** 2. No, no lo habrá recibido todavía. 3. No, no habremos estudiado esta lección. 4. No, no habrá venido todavía.

B 1. **Sí, para esta esta noche ya habré aprendido esta lección.** 2. Sí, para esta tarde mi compañero/a de clase ya habrá hablado con el profesor/la profesora. 3. Sí, para el sábado ya habrán salido de vacaciones. 4. Sí, para el dos de enero ya habremos vuelto.

5. 1. **No, yo no le habría hablado más tampoco.** 2. No, no habríamos ido al concierto tampoco. 3. No, yo no habría llamado al médico tampoco. 4. No, mi padre no habría creído eso tampoco. 5. No, no me habría casado con ese muchacho/esa muchacha tampoco.

6. 1. **Sí, es una amiga mía.** 2. Sí, es un amigo suyo. 3. Sí, son amigos nuestros. 4. Sí, es profesora suya. 5. Sí, es novio suyo. 6. Sí, son profesores nuestros. 7. Sí, son amigos suyos. 8. Sí, son amigas nuestras.

7. **A** 1. el tuyo 2. los míos 3. suyo 4. la nuestra 5. los suyos. 6. el mío 7. los tuyos

B 1. **los míos, los suyos** 2. los míos, los suyos 3. el mío, el suyo 4. el tuyo, el mío 5. el mío, el suyo

C 1. **El del señor Torres** 2. las de ellas 3. Los de mamá 4. las del joven 5. el de ustedes

8. 1. conocido 2. había 3. había 4. el tuyo 5. he recibido 6. las mías 7. tuyos 8. he escrito 9. la he visto 10. Te has desmayado

9, 10, 11, 12 *Individual responses*

Lección catorce – *crucigrama*

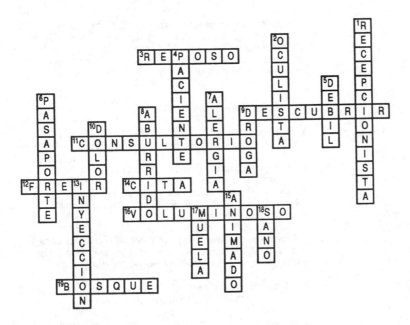

Lección quince

1. **A** 1. **Pedimos que Rafael venga mañana.** 2. Quiero que mi novio/a me compre un regalo para la Navidad. 3. Mi mamá quiere que visitemos a la familia. 4. Los trabajadores prefieren que el gobierno aumente los salarios. 5. Mi compañero/a espera que yo limpie mi cuarto. 6. Pido que alguien me preste un lápiz. 7. Mi compañero/a de cuarto necesita que le compremos la medicina. 8. Dígales que nos presten unos libros. 9. Sienten que no les escriba mucho. 10. Quieren que los comprendamos bien.

B 1. **No, Elena quiere que ustedes vean la televisión.** 2. No, Héctor prefiere que los otros trabajen para *El Mercurio.* 3. No, el profesor/la profesora quiere que nosotros leamos las instrucciones. 4. No, mamá insiste en que yo tome las pastillas. 5. No, prefiero que tú prepares la cena.

2. **A** 1. traiga 2. vengan 3. dé 4. ponga 5. traduzcan 6. hagamos 7. oiga 8. vaya 9. pague 10. conozcas

B 1. salga 2. haga 3. traduzca 4. vaya 5. sea 6. conozca 7. dé

3. **A** 1. volvamos 2. cierre 3. puedan 4. entiendan 5. siga

B 1. entendamos 2. cerremos 3. duerma 4. perdamos 5. vuelvas 6. sienta 7. sigamos 8. pida

4. 1. **Ojalá que Roberto me preste sus zapatos marrones.** 2. Ojalá que ellos compren una casa amarilla. 3. Ojalá que me dé una flor rosada. 4. Ojalá que ella nos venda el carro negro. 5. Ojalá que a él le guste la camisa azul.

5. 1. **Quiero bailar.** 2. **Quiero que bailes.** 3. Quiero que me compres unos zapatos rojos. 4. Quiero comprarte una camisa blanca.   5. Esperamos acompañarte al partido de fútbol.   6. Esperamos que nos acompañes al cine.   7. Él siente que ella no pueda salir con él.   8. Ella también siente no poder salir con él.   9. Queremos cantar en el programa.   10. Ellos/Ellas quieren que cantemos en el programa.

6. **A** 1. **puedan** 2. ayude 3. viene 4. van 5. sepan 6. sale 7. tengan 8. doy 9. conteste

B 1. **toquen** 2. hablar 3. comprendas 4. estudiar 5. estudies 6. lleguemos 7. terminen 8. podamos 9. esté 10. descansemos 11. tener

7. 1. pierdan 2. pienso 3. acompañe 4. venga 5. compre 6. cierran 7. haya 8. trate 9. esté 10. comer

8, 9, 10, 11 *Individual responses*

Lección quince – *crucigrama*

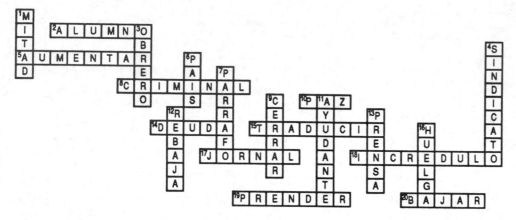

Quinto repaso

A 1. La profesora dijo que habría examen el viernes. 2. Te prometí que no vendría tarde.   3. Mi compañero/a de cuarto dijo que prepararía la cena esta noche.   4. Dije que te escribiría a menudo.

B 1. para 2. Para 3. por 4. para, para 5. por

C 1. míos 2. nuestra 3. suyo

D 1. los míos 2. el suyo 3. el tuyo 4. nuestros

E 1. Sin dinero de mis padres no podría asistir a la universidad.   2. ¿Dijiste que irías a la fiesta?   3. Mi compañero/a de cuarto estaría durmiendo cuando lo/la llamaste anoche.   4. ¿Dónde estaría el profesor durante la clase ayer?   5. ¿Se habla español en la clase?   6. ¿Hay peluquería por aquí?   7. ¡No hemos ganado (ni) un partido! *or* ¡No hemos ganado ningún partido!   8. ¿Has hecho tu tarea?   9. ¿Han visto ustedes mi coche (*or* carro) nuevo?   10. Antes de conocer a mi compañero/a de cuarto, no había conocido a ningún chileno.   11. ¿Dijo Susana que había sufrido de anorexia?   12. Tengo mis libros, pero Ricardo no tiene los suyos.   13. Este sobretodo es el del profesor/de la profesora.   14. Mi compañero/a de cuarto quiere que lo/la acompañe a la tienda.   15. Dile a Mariana que la acompañe.   16. ¿Dudan ustedes que podamos terminar el libro?   17. ¿Quieren ellos que traigamos los refrescos?   18. Siento que no puedan venir con nosotros.   19. Mis padres prefieren que yo estudie la medicina.   20. Ojalá que puedas ayudarme con mi tarea esta noche.   21. Queremos que canten con nosotros en el programa.   22. Queremos cantar algunas canciones de country western.

F 1. Sí, prometí que haría toda la tarea de esta lección. 2. No, con más dinero, no iría a Europa.   3. No, en otra clase no tendría que estudiar tanto como estudio en ésta. 4. No, cuando visité a México, no me tomaron por mexicano/a.   5. Se habla alemán en Alemania.   6. No, no se puede estudiar bien en mi apartamento.   7. No, no lo/la he conocido.   8. Sí, dijimos que lo habíamos estudiado antes.   9. Claro, yo la había leído antes de venir a la clase. 10. Sí, tengo la mía.   11. No quiero que tomemos el examen final nunca.   12. Sí, dudo que todos los

estudiantes puedan pasar el examen.   13. Mis padres quieren que siga la carrera de arquitectura.   14. Sí, quiero ir al partido este sábado.   15. Seguro, quiero que ustedes me acompañen.   16. Sí, sé que el partido no comienza hasta las tres de la tarde.

Lección dieciséis

1. **A** 1. **tenga** 2. sepa 3. son 4. sea 5. hable 6. toque 7. esquían 8. quiere 9. acompañe 10. parece

B 1. Busco a alguien que me pueda ayudar.   2. Mi compañero/a de cuarto dice que prefiere a alguien que no ronque.   3. Yo quiero conocer un chico que aprecie la música clásica.   4. ¿Tienes un amigo/una amiga que siempre te pida dinero?

2. 1. **Roberto vaya al concierto con nosotros** 2. Juana escuche la música de los mariachis 3. me vendan ese carro 4. mi novio esté muy enfermo 5. él me dé los discos

3. 1. sea 2. puede 3. somos 4. vean 5. tenga 6. quiera 7. decidan 8. hay 9. perdamos 10. vengan

4. 1. **comamos** 2. Sentémonos 3. vamos 4. no juguemos con ellos 5. no nos quedemos aquí 6. Abrámoslo 7. Hágamoslo 8. vistámonos en trajes de gala

5. 1. **Que Pepe lo haga.** 2. Que Pedro cierre las ventanas. 3. Que traigan la música José e Inés.   4. Que nos (lo) diga Juan.   5. Que venga Raúl.   6. Que compren los boletos (billetes) ellos/ellas.   7. Que toquen los mariachis. 8. Que cocine la cena tu compañero/a de cuarto.   9. Que nos visiten ellos/ellas.   10. Que decida María.

6. 1. aprecie 2. ronque 3. va a estar 4. publiquen 5. lleguemos 6. toca la guitarra 7. sea 8. se siente 9. hablemos 10. insista, hagas

7, 8, 9, 10 *Individual responses*

Lección dieciséis – *crucigrama*

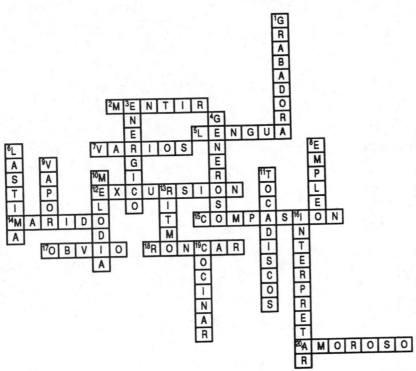

Lección diecisiete

1. **A** 1. **antes (de) que** 2. mientras (que) 3. hasta que
4. después (de) que 5. cuando 6. en cuanto, tan pronto
como

B 1. **regrese** 2. escriban 3. salgamos 4. estén
5. vengan 6. termine 7. sepa 8. hacemos 9. llegue
10. puedan 11. sirve 12. hace

C 1. Voy de compras esta tarde antes de que llueva.
2. Se lo voy a dar cuando usted vuelva. 3. No podemos
esquiar hasta que nieve mucho. 4. Te voy a pagar tan
pronto como reciba mi cheque. 5. Vamos a salir después
que todos lleguen.

D 1. Tengo (*or* Tendré) que hablarle cuando ella llegue.
2. Cuando Evelina está cansada, no le gusta ir a fiestas.
3. Mientras estés en España, tendrás que probar el queso
gallego. 4. Antes (de) que te demos este regalo, tienes
que decir algo. 5. Después que lleguemos a casa, ¿qué
harás? 6. Escríbenos tan pronto como (*or* en cuanto)
llegues a casa. 7. Usualmente respondo tan pronto como
recibo una carta de alguien.

2. **A** 1. con tal (de) que 2. a menos que 3. en caso (de)
que 4. para que *or* a fin de que 5. sin que 6. aunque
7. a fin de que, para que

B 1. escribas 2. tengas 3. sepan 4. haya 5. tengamos
6. haya 7. cueste 8. paguen 9. vayas 10. sea
11. queramos 12. sepamos

C 1. Es difícil salir sin que ellos nos vean. 2. La película
comienza aunque no hay muchas personas 3. Su padre le
da dinero para que ella pueda ir. 4. Lo voy a aprender
con tal que ella me lo explique bien. 5. No voy a llevar
esos zapatos a menos que me queden muy bien.

D 1. Traeré la comida con tal (de) que traigas el regalo.
2. ¿Cómo comprarás el regalo sin que ella lo sepa?
3. Estamos celebrando (Hacemos) esta despedida para que
nos recuerdes. 4. Aunque llueva, vamos a tener la fiesta
por la tarde. 5. A menos que hayas invitado demasiados
amigos, podemos tener la fiesta en mi casa. 6. En caso
(de) que no haya tiempo más tarde para tomar fotos,
vamos a tomarlas ahora.

3. **A** 1. **terminar** 2. salir 3. esperar 4. aprender
5. divertirnos

B 1. **Al entrar** 2. Al tomar 3. Al terminar (*or* Al
acabar) 4. Al pensarlo más

C 1. **Espero poder visitar Santiago de Compostela.** 2. Me
gusta ir a las fiestas. 3. Quiero aprender las costumbres
antes de ir. 4. Prefiero comer más tarde.

D 1. **No podemos divertirnos sin que todos bailen y
canten.** 2. Él no quiere ir hasta que yo salude a todos.
3. Iremos a la fiesta para que tú te despidas de nosotros.
4. Quieren comer antes que él salga. 5. Espero que usted
pueda ir.

4. **A** 1. vemos 2. brindar 3. invites 4. os acordéis 5. me
despida 6. correr 7. continuar 8. verlos

B 1. No quiero ir a la fiesta a menos que tú vayas.
2. No salgamos antes que venga el profesor. 3. Busco a
alguien que me ayude. 4. Tenemos que terminar las tareas
antes de salir esta noche. 5. ¿Usualmente te levantas tan
pronto como te despiertas? 6. ¿Vas a estudiar en cuanto
llegues a casa esta noche?

5, 6, 7 *Individual responses*

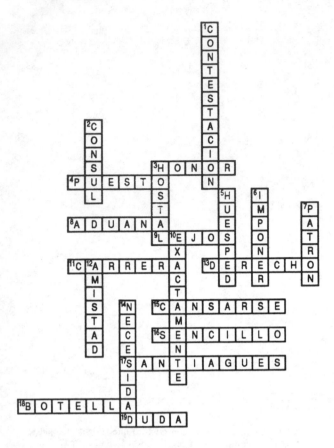

Lección dieciocho

1. **A** 1. **hablaran** 2. yo decidiera 3. vendieras 4. pensaras
    5. viviéramos 6. cerrara 7. escribiera 8. fuéramos
    9. estuviéramos 10. diera 11. tuviéramos 12. fueran
    13. vinieras 14. supieran 15. dijerais

    B 1. **buscáramos** 2. comieras 3. volviera 4. comprara
    5. trajeras 6. hiciéramos 7. tocaran 8. recordáramos
    9. fueras 10. fueran

2. **A** 1. **Si tuviera dinero, iría. If I had money, I would go.**
    2. Si hiciera viento, no me pondría el sombrero. If it were
    windy, I wouldn't put on my hat. 3. Si estudiáramos,
    podríamos sacar buenas notas. If we studied, we would get
    good grades. 4. Si te acostaras temprano, no tendrías
    sueño. If you went to bed early, you wouldn't be tired.
    5. Llegarías tarde si no te apuraras. You would arrive late
    if you didn't hurry. 6. Si durmiera, me sentiría mejor. If I
    slept, I would feel better. 7. Sufriría de alergia si no fuera
    al médico. I would suffer from allergies if I didn't go to the
    doctor. 8. Tendríamos que participar en el programa si
    nos quedáramos. We would have to participate in the
    program if we stayed.

    B 1. Si no estoy cansado, estudio más. 2. Si él está en
    casa, me llama. 3. Usted puede recibir permiso si lo pide.
    4. Si el médico viene, es mejor. 5. Si vivimos en Málaga,
    podemos ir a la playa.

    C 1. **Si tuviera frío, me pondría el abrigo.**
    2. Aprenderíamos más si leyéramos más libros. 3. Yo iría
    si pudiera. 4. Si tuviera tiempo, terminaría el trabajo esta
    noche. 5. Si fuera posible, él también lo haría. 6. Mis
    amigos trabajarían más si su jefe les pagara más. 7. Si
    fueras a España, ¿qué te gustaría ver? 8. Me quedaría en
    casa si supiera que vosotros vinierais.

3. 1. **Habla como si fuera el jefe.** 2. Gritan como si yo no
    pudiera oírles. 3. Ella corre como si estuviera cansada.
    4. Mi hermano habla como si le gustara su trabajo.
    5. Trabajan como si tuvieran todo el día para terminar.
    6. Es como si ella quisiera salir. 7. Es como si él no me
    conociera.

4. 1. **¿Podría usted ayudarme? ¿Pudiera usted ayudarme?**
    2. ¿Podrían ustedes venderlo? ¿Pudieran ustedes venderlo?
    3. Usted debería trabajar. Usted debiera trabajar. 4. Ellos
    deberían vender el carro. Ellos debieran vender el carro.
    5. ¿Podría usted pagarme ahora? ¿Pudiera usted pagarme
    ahora? 6. ¿Querrían ustedes ir a España con nosotros?
    ¿Quisieran ustedes ir a España con nosotros?

5. **A** 1. **Ojalá que Ricardo me llame esta noche.** 2. Ojalá
    que puedas venir a nuestra fiesta. 3. Ojalá que todos se
    diviertan. (*or* Ojalá que todo el mundo se divierta.)
    4. Ojalá que no llueva esta noche. 5. Ojalá que haya
    muchos amigos allí.

    B 1. **Ojalá (que) viniera Ricardo a la fiesta.** 2. Ojalá
    (que) hubiera tiempo para invitar a Catalina. 3. Ojalá
    (que) pudiera llevar el traje/vestido de mi compañero/a.
    4. Ojalá (que) mis amigos supieran de la fiesta. 5. Ojalá
    (que) tuviera tiempo suficiente para aprender todos estos
    verbos.

6. **A** 1. **se casara** 2. acompañara 3. viniéramos 4. fuera
    5. pudiera

    B 1. **Quería que te probaras este vestido.** 2. Dudaba que
    usted pudiera entender eso. 3. Te pedí que te levantaras
    más temprano. 4. No querían que saliéramos después de
    las once. 5. Quería que conocieras a mi tía. 6. Era
    imposible que uno se durmiera aquí.

C 1. **Quería que él/ella se acostara más temprano.**
2. Quería que yo no me preocupara. 3. Quería que me
invitaran a la fiesta. 4. Quería que habláramos español
en la clase. 5. Evelina quería que Cristina le escribiera.

7. A 1. **viva** 2. vino 3. pudiera 4. estudiara 5. trabajaba
6. conozca 7. fuera 8. quisiera 9. supiera 10. pudiera

B 1. **sabía** 2. fuera 3. conociera 4. cantaba 5. hizo

8. A 1. **acompañara** 2. pudieran 3. tuviera 4. fuera
5. comprara

B 1. **llegaron** 2. abrió 3. llamara 4. trajeron
5. viniera 6. se despidieron 7. se vistieran 8. me
levantaba

C 1. **Voy antes que mi compañero/a regrese.** 2. Ellos
vienen con tal que ustedes vengan. 3. Ella salió anoche
sin que nadie la viera. 4. Me levantaré mañana tan
pronto como usted me llame. 5. Me despediré de ellos
esta tarde después de terminar mi trabajo. 6. Él no viene
(*or* Vendrá) a la fiesta a menos que tú lo acompañes.

9. 1. Si vas a España, ¿me traes (*or* me traerás) un regalo?
2. Ella se viste como si tuviera mucho dinero. 3. ¿Te
gustaría ir al cine conmigo? 4. Yo sabía que no tenían
tiempo para terminar. 5. Ojalá (que) pudiera encontrar
un libro en español que pudiera leer. 6. ¿Conociste a ese
profesor/a esa profesora que trabajaba como guionista?
7. Ella nos dijo que nos llamaría tan pronto como (*or* en
cuanto) regresara (*or* volviera). 8. Me bañaba tan pronto
como (*or* en cuanto) me levantaba. 9. Si no fueras
estudiante ahora, ¿dónde te gustaría estar? 10. Él me
trata como si yo fuera niño/a. 11. *Deberías* (*or* Debieras)
hablarle a (consultar con) un médico acerca de esa tos.
12. Yo quería que nos acompañaras. 13. Salimos antes de
que ellos llegaran. 14. Buscaba a alguien que lo ayudara.
15. Le dije que no lo ayudaría a menos que estudiara en
casa también. 16. Le dije que fuera a la biblioteca a las
siete y que yo lo encontraría allí.

10, 11, 12, 13 *Individual responses*

Lección dieciocho – *crucigrama*

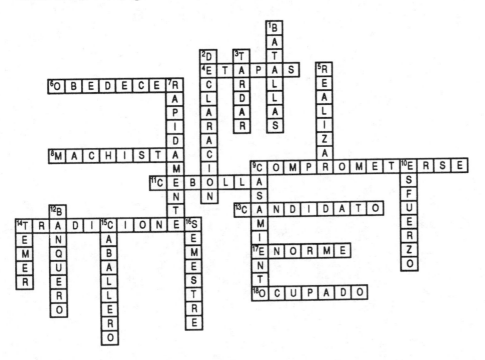

Sexto repaso

A 1. aprecia 2. terminemos 3. es 4. hagas 5. tengan

B 1. Sí, vamos al cine esta noche. 2. Sí, estudiemos con
otros estudiantes de la clase. 3. No, no nos sentemos
ahora. 4. No, no busquemos boletos para ese concierto.

C 1. Mi padre me da dinero para que pueda pagar la
matrícula. 2. ¿Vas a tomar otra clase de español con tal
que el profesor/la profesora te dé una buena nota en ésta?
3. ¿Siempre comes tan prono como llegas a casa por la
tarde? 4. No voy al concierto a menos que tú me
acompañes. 5. Tengo la costumbre de bañarme después
que me levanto. 6. No voy a escribirte otra vez hasta que
tú me respondas.

D 1. conocieran 2. vinieras 3. pudiéramos 4. tuvieran
5. gustaran 6. volvieran

E 1. ¿Pudiera/Podría usted esperar un momento más?
2. Ustedes debieran/deberían estudiar.
3. ¿Pudiera/Podría usted venir mañana?

F 1. Busco a alguien que cante country western. 2. No
conocemos a nadie que cante country western. 3. Tengo
un/a amigo/a que toca bien la guitarra. 4. Que tu
compañero/a de cuarto nos compre los boletos. 5. Quiero
salir antes (de) que María venga. 6. Tan pronto como
termine la clase, vamos a casa. 7. ¿Esperamos hasta que
venga el profesor/la profesora? 8. ¿Hablan ustedes a
veces sin pensar? 9. Yo esperaba que vinierais temprano.

10. Buscábamos a alguien que nos pudiera llevar al centro.
11. Si tuviera dinero, visitaría España. 12. ¡Si duermo por lo menos siete horas, me siento fantástico/a! 13. ¿Gasta dinero tu compañero/a de cuarto como si fuera muy rico/a? 14. Ojalá (que) tú pudieras venir conmigo.

G 1. No, no conozco a nadie que sepa esquiar bien.
2. Sí, mi hermano aprecia la música clásica. 3. Sí, quiero que mis amigos me acompañen a escuchar la música de los mariachis. 4. Sí, siento que no haya muchas personas que asistan a la ópera. 5. No, no es posible que estudie con ustedes esta tarde. 6. Sí, te mandaré una carta tan pronto como llegue a casa. 7. Sí, te llamo por teléfono después de regresar de mis vacaciones. 8. Al entrar en la casa esta tarde, voy a comer. 9. No, no espero visitar a mis abuelos este fin de semana. 10. Sí, aunque haga mal tiempo mañana, salgo para las vacaciones. 11. Sí, espero recibir buenas notas este semestre. 12. Si tuviera menos clases, me divertiría más. 13. No, al graduarme de la escuela secundaria, no buscaba una universidad que estuviera cerca de mi casa. 14. Si estoy cansado/a, tomo (or duermo) una siesta. 15. Sí, estudio para esta clase como si fuera la única clase que tengo. 16. La señora Fierro fue la profesora que me enseñó español en la escuela secundaria. 17. Sí, dije que no iría de visita a Sudamérica hasta que no hubiera más revoluciones.

Translations

The translations included in this section are are for each of the lesson dialogs, the cultural notes for Lessons 1-3, and the restaurant menu (*La Cabaña*) from Lesson 9.

Lección uno

Dialog: Nancy and Professor González

PROFESSOR	Good morning, young lady. How are you?
NANCY	Fine, thank you. And you?
PROFESSOR	Quite well. What's your name?
NANCY	My name is Nancy.
PROFESSOR	It's a pleasure.
NANCY	It is a pleasure.

The friends Tony and Miguel

TONY	Hi, Miguel! How are you?
MIGUEL	Fine (Perfectly), and you? How goes it?
TONY	Not very well. I'm tired.
MIGUEL	You study too much.
TONY	No, I don't study much.
MIGUEL	And how do you learn Spanish?
TONY	I always speak with the girls in Spanish.

Maribel and Nancy

MARIBEL	Hi! How goes it? Do you speak Spanish?
NANCY	Yes, I speak a little. My name is Nancy.
MARIBEL	It's a pleasure. My name is Maribel.
NANCY	Where do you live?
MARIBEL	I live in an apartment. And you?
NANCY	I live in my parent's house.
MARIBEL	Well, see you later (until later).
NANCY	Yes, until tomorrow.

Cultural notes: Formal greetings

You (usted) with older or important people

Nancy greets the professor in the morning.
—Good morning, ma'am. How are you?
—Fine thanks, and you?

Tony greets the professor in the afternoon.
—Good afternoon, sir. How are you?
—Very fine, thanks. And you?

It is important to shake hands . . .
—with older persons.
—when being introduced.
—in a social gathering.
—with important people.

Informal greetings

You (tú) with friends, members of one's family, and children.
With friends (male)
Tony greets his friend Miguel.
—Greetings, Miguel! How are you?

—Fine, and you?
—So-so.

With friends (female)
Maribel greets her friend Nancy.
—Hi, Nancy! How's it going?
—Fine (Perfectly), and you?
—Pretty good (More or less).

With members of the family
Mom greets her (the) daughter.
—Hi, Maribel! Are you all right?
—Yes, Mom, very fine.

With children
Nancy greets the child Pepe.
—Hi, Pepe! How are you?
—Fine, and you?
—Very well, thanks.

It is customary to give a hug between male friends and to give a kiss (on the cheek) among female friends.

Lección dos

Dialog: What are you studying?

JOHN	Hello, Isabel! You're studying French, right?
ISABEL	Yes, I read and speak a little. Dad is French.
JOHN	Then you understand two languages.
ISABEL	Yes, more or less.
JOHN	Where do you live?
ISABEL	Well, now I live here in this apartment.
JOHN	Oh, you do? How are your roommates?
ISABEL	They're very intelligent and likeable (nice) too.

Where are you from?

ERIC	Hello! I'm Eric Madsen, and you?
DOLORES	My name is Dolores.
ERIC	Glad to meet you (Much pleasure). You're not a North American, right? Where are you from?
DOLORES	I'm not from the United States. I'm from Chile.
ERIC	Ah, a Chilean, eh? What are you studying? Difficult subjects?
DOLORES	English, German and medicine.
ERIC	You're studying medicine? You're very smart.
DOLORES	Thank you. You're very nice.
ERIC	So are you (Equally.)

How is the friend from Venezuela?

TERESA	How handsome is that young man! Isn't that right?
MARY	Yes, where is he from? He's Latin, right?
MARTA	He's from Venezuela. He's an exchange student.
TERESA	What's his name?
MARTA	His name is Rafael Castillo.

MARY   He's the typical romantic Latin, right? -- tall, dark and handsome.
TERESA   Yes, and very nice, too.
MARY   I really like Latins!

Cultural notes: Social life

Customarily, students in Spain and Latin America go to the plaza, to the bars, to the discos, or to the home of a friend. They go in groups of three or four boys or girls. According to the observation of a North American, the Spaniards live in the street or in the plaza.

In the universities there are no football or basketball games or dances organized for all the students. The young people go to the house of a friend in order to dance, to eat hors d'oeuvres, to watch television or simply to converse and have a drink. They don't need cars nor big celebrations organized by the university to have a good time.

Cultural notes: La plaza

Boys and girls, families, and older people also very often go to the plaza to have a drink of soda and to converse with friends.

In the plaza there are groups of young people who sing, dance, and play the guitar. It's very interesting! Afterwards, they go to drink sangria and have (eat) tidbits in the bar.

El bar

In Spain it is very popular to go to (pass by) several bars in the afternoon or in the evening with friends (male friends or female friends). In the bars there are delicious tidbits of cheese, meat, fish to have (take) with wine or with a non-alcoholic drink.

Lección tres

Dialog: Today we're going to visit our (the) grandparents.

MRS. MARTÍNEZ   Hurry, daughter. It's already late. We have to leave soon.
LUISA   Just a minute, Mom. What time is it?
MRS. MARTÍNEZ   It's already nine o'clock.
LUISA   Where are we going?
MRS. MARTÍNEZ   Your dad wants to visit our (the) grandparents. Today is Sunday.
LUISA   Good. I understand (now). What time are we going to return?
MRS. MARTÍNEZ   Late. Perhaps around seven o'clock. Why?
LUISA   Because tonight Carlos is coming.
MRS. MARTÍNEZ   There's no problem (concern). There's going to be time for your boyfriend.

How many brothers and sisters do you have?

José María and Ricardo are downtown. They see a sign that says:

Sunday the 17th--Mother's Day.
A house where there is no woman is not a home.

RICARDO   Hey, José! Tomorrow is Mother's Day.
JOSÉ MARÍA   Is it possible? I'm going to look for a gift for my mother.
RICARDO   I intend to buy a gift, too. My mom works all the time (day and night).
JOSÉ MARÍA   There are a lot of people (persons) in your family, right? How many brothers and sisters do you have?
RICARDO   I have one brother and three sisters. In addition, my grandmother, my aunt, and my cousins are at home.
JOSÉ MARÍA   It is a big family.
RICARDO   Man, you'd better believe it (I believe it)! But I love my family very much.

My grandmother's birthday

TRINIDAD   Hello, Susana. Where are you going this Sunday?
SUSANA   I'm going to my grandparents' house and afterwards to the park.
TRINIDAD   Then, you're not going to the plaza with us? We're going to the bars to eat hor d'oeuvres.
SUSANA   No, it's my grandmother's birthday, and I'm going with all my aunts, uncles and cousins.
TRINIDAD   You're going to have a big party and eat a lot, right?
SUSANA   I believe so. The parties at my grandparents' house are always fabulous.

Cultural notes: The role of the mother

In Hispanic countries the mother's role is very important. As the proverb says, "A house where there is no woman is not a home."

The father usually works many hours and is not at home during the day. If there are many persons in the family, the mother has to work day and night. She takes care of the children and manages the household (the administration of the house). Mother's Day among Hispanics is a very special day--a day of intense emotion, celebration, and love.

The role of the father

Traditionally, the man in Hispanic culture is treated with a lot of respect and, in some families, as a king. There is an old saying which says: "In the home, the man reigns and the wife governs." When the father is not at home, the mother has to organize everything.

There is another refrain that says: "The father, to punish and the mother, to cover up." The mother to cover up? Why cover up? Because the mother has to protect the children against the strict discipline of the father. Now the customs are changing and there is much more equality between the father and the mother of a family.

The Hispanic family

In Spain and in Hispanic America the family is the basis of social life. There are informal meetings and also parties for all the family. Almost every Sunday the married children go to visit and, often, to eat in the parents' house. Generally, children show a great deal of respect for their parents and grandparents. When they speak with them, they use the **usted**-form which is more formal than **tú**.

A GRANDSON   —Hello, grandmother, how are you (formal)?
GRANDMOTHER   —Very well, thanks, and you (familiar)?

Parents use **tú** with their children. Children use **tú** with them in some modern families.

MOM   —Do you (familiar) want to go, Luis?
LUIS   —Yes, where are you (formal) going?

Surnames

This young woman is named Luisa. Her complete legal name is Luisa Martínez Sarmiento. Martínez is the surname of her dad and Sarmiento is the surname of her mom. She has two surnames.

Lección cuatro

Dialog: What's your major? (What career are you pursuing?)

Fred is from the United States. He is conversing now with María José, a young lady from Bilbao, about careers, courses, and studies.

FRED | And you, María José, what's your major? (What career are you pursuing?)
MARÍA JOSÉ | I want to be an aeronautical engineer. And you?
FRED | I don't have any definite plans. First I'm going to get the baccalaureate (the Bachelor's degree).
MARÍA JOSÉ | You no longer want to be a surgeon?
FRED | Maybe. That (matter) of transplanting artificial hearts is something fantastic. Isn't it?
MARÍA JOSÉ | No, I don't agree. To implant an artificial heart is a horrible and very dangerous operation.
FRED | No, young lady. Now they can do it very well, and I want to learn it.
MARÍA JOSÉ | Well, I prefer to take a trip to the moon.
FRED | You want to be an astronaut? What madness!
MARÍA JOSÉ | I want to become acquainted with (know) all the planets. And I intend to earn a lot of money.
FRED | Well, to each his own (each crazy one with his own theme).

Lección cinco

Do you like the snow?

FRANK | Hi, Pamela! Where are you going to spend your vacation this summer?
PAMELA | I am going to return to Chile to visit my grandparents.
FRANK | Wow! The trip to Chile costs a lot, doesn't it?
PAMELA | Yes, but I have a very interesting job there.
FRANK | Is that right? What are you going to do?
PAMELA | I am going to give skiing lessons in Portillo.
FRANK | Skiing classes in the summer?
PAMELA | Yes, in Chile winter begins in June.
FRANK | Yes, but is there snow in Santiago?
PAMELA | No, the ski slopes (field) are in Portillo, in the Andes.
FRANK | Do you like snow, Pamela?
PAMELA | Yes, I like it very much. It is marvelous!
FRANK | Are you going to send us a postcard?
PAMELA | Yes, and you'll write me a letter, too, won't you?
FRANK | Of course. Well, have a great vacation (pass or spend a beautiful vacation)!
PAMELA | Thanks. And you, too. I'll see you (We'll see each other) when I (on the) return.

Lección seis

Dialog: How nice it is to rest!

JORGE | Alfredo, are you ready? It's time to leave for the wedding.
ALFREDO | I'm just leaving. I'm getting up immediately (right away).
JORGE | Are you resting? Don't you realize you're getting married in two hours?
ALFREDO | That's exactly why I need a good nap. Don't you like to rest?
JORGE | You have to get dressed and shine your shoes.
ALFREDO | I'll dress and do all that very quickly. First I'm going to bathe and then put on that elegant suit.
JORGE | And after you get dressed you're going to read the newspaper, right?
ALFREDO | Easy! Easy! There's time for everything.
JORGE | By the way, I have (am bringing) here the ring for your bride. Shall I give it to you now?
ALFREDO | No, later, at the church. I don't want to lose it.
JORGE | You're right. You forget everything. Poor Julia. She doesn't know that her future husband is lazy and forgetful, too.

ALFREDO | You're going to die young, Jorge. You shouldn't (don't have to) worry so much.
JORGE | I'm very soory. After you get married you'll sing another tune.
ALFREDO | No, sir. Julia and I agree. One has to enjoy life. How beautiful it is to rest!
JORGE | Well, let's go, young man. If you don't hurry, you're not going to enjoy life, nor your wedding either.

Lección siete

Dialog: Let's go to the New Year's dance.

The young people are getting ready (preparing) to go to the formal dance at the Ambassador Club in Montevideo. Isabel goes to the house of the dressmaker to pick up a new dress made to order.

ISABEL | May I (come in)?
TERESA | Of course! Make yourself at home (You're in your house).
ISABEL | Good appetite! Excuse me for coming at mealtime.
TERESA | Don't worry (about it). I'll bring you the dress.
ISABEL | I want to try it on. Is that all right?
TERESA | Yes, of course. Put it on. I hope you like it.
ISABEL | How beautiful! And in the latest style! I am going to wear it to the dance tonight.
TERESA | With that dress you'll create a stir (sensation). It fits you very well.
ISABEL | It's also for my saint's day. Mom insists that I not wear jeans and sandals that day.

Juan and Sam are at Juan's house getting dressed to go to the dance. Sam is from Los Angeles. He is visiting in Montevideo with his friend Juan.

JUAN | With that suit you look (are) very elegant, Sam.
SAM | Thanks, but you know what they say about the monkey dressed in silk.
JUAN | No, really, it fits you very well.
SAM | Perhaps, but I doubt they will let me enter like this without shoes.
JUAN | There's no problem. I will loan you a pair of shoes.
SAM | By the way. I hope Isabel will be at the dance.
JUAN | I am sure she is going to be there. I'm glad you can go with me to the Ambassador Club. You're going to like it.
SAM | I'm sorry I don't dance the Latin salsa and cumbia very well.
JUAN | I understand you. But I don't want you to stay home on New Year's Eve.

Lección ocho

Dialog: Boom, she dumped me!

Eduardo and Luis are students at the Polytechnic Institute in Monterrey, Mexico.

EDUARDO | Wow! Am I sleepy!
LUIS | What happened last night? Were you partying?
EDUARDO | No. Last night was a disaster and today I had to get up at five.
LUIS | I spoke with Pablo and found out that you finally finished the article for the student magazine.
EDUARDO | Yes, I finally managed (was able) to finish it, but I didn't study at all.
LUIS | I didn't study either. By the way, last night we didn't see you at the Student Council meeting. What did you do?

EDUARDO	I was with Elena. First we went to the movies and saw an excellent film. Then I took her for a walk in the park.
LUIS	How interesting!
EDUARDO	At first, yes; afterwards, she began talking about my other girlfriends.
LUIS	How (What) did you respond to her?
EDUARDO	That I like all girls...blondes...brunettes...but that she is the only one.
LUIS	And how did she answer you?
EDUARDO	Boom, she dumped me. Now she never wants to see me again.
LUIS	Go on! How jealous! And did you get upset because of that?
EDUARDO	It wasn't the world's greatest tragedy. As the proverb says: Cry only a little and look for another.

Lección nueve

Dialog: What delicious steaks!

ANITA	Hi, Carmen! What's new?
CARMEN	Nothing special. Did you have a lot of fun last night?
ANITA	Girl, you can't imagine! We had dinner in the most famous restaurant in Buenos Aires.
CARMEN	You went out with Raúl again, right?
ANITA	Yes. His parents took us to dinner at La Cabaña.
CARMEN	Then, you weren't alone?
ANITA	No, we were with his parents for the first time. They treated me like a queen.
CARMEN	I suppose you ate very well. What did you order?
ANITA	Oh! What delicious steaks! Have you ever been (Did you ever go) to La Cabaña?
CARMEN	Yes, and I liked it very much. I ate some cannelloni that I really liked (delighted me).
ANITA	What we liked very much also were the desserts they served. And what a selection of wines, right?
CARMEN	Yes. Did you try them?
ANITA	Yes, I did. Raúl's father drank a lot and his wife scolded him. But he responded that, as the saying goes, "Drinking and eating are a good pastime."
CARMEN	So you returned home early?
ANITA	Yes, I arrived before midnight and went to bed at once. And today I went on a diet.
CARMEN	You, on a diet? Impossible!

La Cabaña Menú

Fiambre surtido   *Assorted cold cuts*
Salpicón de ave   *Chopped chicken appetizer*
Jamón con melón   *Ham with melon*
Sopa de verduras   *Vegetable soup*
Ensalada mixta   *Mixed salad*
Ensalada rusa   *Russian salad*
Arroz con atún y mayonesa   *Rice with tuna and mayonnaise*
Merluza al horno   *Baked whitefish (hake)*
Langosta   *Lobster*
Langostino   *Crayfish*
Fiesta de mariscos   *Mixed seafood platter*
Trucha asada   *Baked trout*
Bife de lomo   *(Roast) loin of beef*
Bife a caballo   *Steak with fried eggs*
Chorizos   *Sausages*
Filet mignon   *Filet Mignon*
Chateaubriand   *Tenderloin steak*
Chuletas de cordero   *Lamb chops*
Churrascos   *Barbecued steaks*
Lechón asado   *Roast suckling pig*
Parrillada mixta   *Mixed barbecue*
Pollo al horno   *Baked chicken*
Chivito a la parrilla   *Barbecued baby goat*
Canelones   *Stuffed pasta*
Lengua a la vinagreta   *Tongue with vinegar sauce*
Puré de papas   *Mashed potatoes*
Papas fritas   *French fries*

Papas rebosadas   *Stuffed potatoes*
Flan   *Baked custard with caramel*
Fruta de la estación   *Fruit of the season*
Queso surtido   *Assorted cheeses*
Dulce de membrillo   *Quince preserves*
Budín   *Pudding*
Manzana asada   *Baked apple*
Dulce de batata   *Sweet-potato preserves*
Dulce de leche   (Sweet thick milk dessert)
Café   *Coffee*
Té   *Tea*

Lección diez

high scho
Juan Luis from Managua, Nic
father worked for gov't of Somoz

Dialog: In those days we lived very well!

Juan Luis just returned from a visit to Nicaragua where he lived as a young man. Now he lives in the United States and works at the University of Texas. He is now speaking with a colleague and is telling her about his life in Nicaragua.

ESTER	Hello, Juan Luis. How was the visit to Nicaragua?
JUAN LUIS	I liked it very much. I still miss my friends and my native land very much.
ESTER	Were you very happy there as a young man?
JUAN LUIS	Look, Esther. I lived in Managua for 17 years. I didn't want to leave my high school, my friends, and my relatives.
ESTER	Your parents had to emigrate, didn't they?
JUAN LUIS	Yes, for us there was no possibility to remain in that country (continue on there).
ESTER	I remember that the Sandinistas came to power in the year 1979.
JUAN LUIS	Yes, I was in a high school of the Jesuit fathers in those days, and I had my future well assured.
ESTER	Before, your parents were well off?
JUAN LUIS	Quite well off, yes. Our house was beautiful and I went to school in a taxi. You know?
ESTER	And then?
JUAN LUIS	My father had a very high position in the government of Somoza. The Sandinistas confiscated everything--the house, the cars, the properties.
ESTER	At least you were able to get out alive, weren't you?
JUAN LUIS	Yes, in Managua everything was very chaotic and dangerous.
ESTER	How did you get out?
JUAN LUIS	In a private plane with my parents and two sisters, Silvia and Juana. I'll never forget. It was six o'clock in the afternoon and the next day they went to arrest my father.
ESTER	Now you're very accustomed to life in the United States, aren't you?
JUAN LUIS	Of course. I've been here for eleven years (It's eleven years since I am here). But I think about returning every once in a while to visit my friends and relatives there.

Lección once

Dialog: A flagrant violation!

Federico is an athlete from Bogotá, Colombia. He is speaking with his uncle Jaime about soccer. It seems that Federico wants to be a professional.

EL TÍO JAIME	You played very well yesterday, Federico! You are phenomenal on the field!
FEDERICO	I like the city team, but I always wanted to play for Club Comercio like Dad.
EL TÍO JAIME	Like father, like son! Your dad was crazy about soccer, too.

FEDERICO	What happened? Now he tells me it is better to study architecture. I want to be a soccer player. Why does he oppose so much?
EL TÍO JAIME	Don't you know about that incident? How strange!
FEDERICO	No, I don't know anything about the incident. Do you want to tell me?
EL TÍO JAIME	All right. He was playing in the championship of South America against Boca Juniors from Argentina.
FEDERICO	And the champion of that game was going to enter competition for the World Cup in Europe, right?
EL TÍO JAIME	Right. The tragedy occurred in the middle of the first period. Your dad was going in furiously to score a goal when suddenly Marañón, of the Boca Juniors, gave him a kick from behind that left him laid out on the ground with a broken leg.
FEDERICO	It was a flagrant violation, wasn't it?
EL TÍO JAIME	Yes. Everyone knew it. But Comercio lost the game 2 to 0.
FEDERICO	Afterwards Dad became very bitter, didn't he?
EL TÍO JAIME	Yes, he felt cheated and swore never to play any more.
FEDERICO	. . . and not to allow his son to play either.
EL TÍO JAIME	It seems that's the way it is, doesn't it?

Lección doce

Dialog: Shall we go shopping?

Sherrie and Betty are studying Spanish at the University of Salamanca in Spain. On coming out of class, Sherrie meets Lorenzo, a Spanish student who frequents the same dining room she does.

LORENZO	Hi, girl! Good afternoon. How goes it with the classes?
SHERRIE	A little difficult. The professors don't speak English, and there is a lot that I don't understand. I think I'll never speak Spanish well.
LORENZO	You will learn it. What do you plan to do this weekend?
SHERRIE	Betty and I are going shopping Saturday. How about you?
LORENZO	I'm going out in the country with my parents. Salamanca is not a big city, but you will find very interesting things in the Main Square. Do you want me to go with you on Saturday?
SHERRIE	Thanks. It won't be necessary, Lorenzo . . . Betty will buy everything. I know her already. I will try to buy (very) little, just something typical of Spain, like some Julio Iglesias records or some souvenirs made of silver.
LORENZO	Pardon me for telling you, Sherrie, but there is some thing much more typical here in Salamanca. The blind men sell it in the Main Square.
SHERRIE	Oh, yeah? What could it be?
LORENZO	Lottery tickets. You buy them on Saturday, on Sunday you win the big prize (the fat one) and you'll be a millionaire.
SHERRIE	Oh, what a fantasy, Lorenzo! I will never have that (kind of) luck. A bird in the hand is worth more than a bird in the bush (one hundred flying). By the way, where do they sell stamps?
LORENZO	Stamps for letters, right? In Spanish those are called sellos and you buy them in the shop where they sell tobacco and matches. There comes Betty. Good-bye, Sherrie. I'll see you in the cafeteria (dining room).
SHERRIE	Good-bye, Lorenzo, and many thanks.

Lección trece

Dialog: What is your favorite pastime?

Kelly and Daniel are two Americans who are in the United States Air Force in Spain, near Madrid. They work as airplane mechanics. In their free time they went to the Café de las Chinitas to see the Tablao Flamenco (Flamenco performance). They met a dancer from the tablao. Now the three of them are having dinner. They are commenting on their favorite pastimes and their life's dreams.

KELLY	My favorite pastime is working on airplanes and studying aviation. I want to be a pilot, but I don't have enough courses in mathematics. With more studies, they would let me apply for pilot training. With more time I would read more magazines about aviation and new scientific advances. With my own airplane I would take you (both) on a trip to Africa. I wonder when that day will be?
DANIEL	I would prefer to spend the whole day in the kitchen experimenting with new recipes. Spanish cuisine fascinates me. French cuisine, too. What exquisite things they know how to prepare in Europe! I could dine in a different restaurant every night in Madrid, but I don't have the money. As mechanics we earn (very) little. Someday I am going to inherit a fortune from an aunt who loves me very much, but now I don't have a cent. With that money I would learn many languages and would travel all over Europe to become acquainted with the art of fine dining. Then in the United States I would organize a television program to show how the most exotic dishes in the world are prepared.
FELIZA	The dominating passion of my life is singing. There are no secrets. Everyone knows that all kinds of music thrill me, especially classical. They tell me I dance well, but I have a rather mediocre voice. I am convinced that they wouldn't accept me in any of the important voice schools. How beautiful it would be to study with a great maestro (teacher), and how I would like to sing some day in the great opera houses in Milan, Paris, and London! It seems like an impossible dream. I need more hope. With the possibility of progressing and being successful someday as an opera singer, I would work with pleasure eight hours a day in the record shop and would continue singing and dancing all night long to pay for the lessons.

Lección catorce

Dialog: Susana's Trauma

Susana told David that she wasn't feeling well. David had noticed that she was a little pale. Nevertheless, David insisted on taking her to the theatre in Chapultepec Park (Woods). David is a North American who works in the Bank of America in Mexico City, and Susana, his sweetheart, is a young Mexican girl who also works in the bank. Hardly had they entered the theatre when Susana fainted and fell to the floor. David called the Social Security [government organization that provides hospital and medical services] and the doctor has already come.

POLICEMAN	With your permission, ladies and gentlemen. Step to one side. Let the doctor pass.
DOCTOR	What has happened to the young lady? Has she taken something?
DAVID	We have only had a couple of beers.
DOCTOR	Let's take her to the clinic.

In the clinic Susana comes to and begins to regain strength.

DOCTOR	How do you feel now? Are you in pain (Does something pain you)?

SUSANA	No, nothing hurts me, doctor.
DOCTOR	It seems to me you are very weak, young lady. Have you eaten today?
SUSANA	No, sir. I haven't (eaten).
DOCTOR	And yesterday, did you eat well?
SUSANA	No. I have hardly eaten anything all this week.
DOCTOR	Have you ever suffered from what we call anorexia?
SUSANA	I don't know what it is.
DOCTOR	It is the complete lack of appetite.
SUSANA	No. It isn't that. I worry a lot about my boyfriend, David, and when he doesn't call me, I don't eat. Also, he told me that he doesn't like heavy (voluminous) women.
DOCTOR	Oh, the young ladies and their capriciousness! I would have told him off (sent him to fry potatoes), that sweetheart of yours. For lovesickness there are no doctors.

Lección quince

Dialog: News of the Day

Jim and Lisa are journalism students at the University of California. They are visiting in Lima, Perú. They have met Julio, a young man from Lima who works for El Mercurio, *a prestigious newspaper of Peru. Since they are interested in journalism, Julio had invited them to get acquainted with the offices of the* El Mercurio *press.*

JIM	Hello, Julio. Thanks for the invitation. It's an unexpected privilege.
JULIO	Good afternoon. I am happy that you came (have come) to visit me.
LISA	This really is impressive. What job (specialty) do you have here, Julio?
JULIO	I am the assistant to the editor who prepares the final version and composes the headlines of the newspaper.
LISA	What are titulares?
JULIO	I believe they are known in your country as "headlines."
JIM	Yes, that's right. I imagine, Julio, that the major problem is to establish the truth in very few words. Isn't that right?
JULIO	Yes, and it's difficult because there are many people who do not believe what they hear and read. You know that old Spanish saying: "Don't believe anything you hear, and only half of what you see."
JIM	What an interesting saying! Yes, many people are incredulous.
JULIO	Perhaps you are interested in seeing some headlines and introductory paragraphs. They are for this afternoon's paper.

A little later . . .

LISA	Thanks, Julio. You have been very kind to us. When do you think you'll come to visit us in the United States?
JULIO	By the way, I have plans to visit my aunt and uncle who live in California next year.
JIM	I hope you can spend a few days with us.
JULIO	It's possible that I'll arrive there in the month of July. I'll see if I can come by your house.
JIM	Perfect. We want you to meet all of our (the) family and that you have a good time in our country.
JULIO	Well, thank you very much.

Lección dieciséis

Dialog: Long live folk music!

Steve is a young man from Manhattan, Kansas. He is on a steamboat cruise in the Caribbean. The boat has been in San Juan, Puerto Rico, for two days. In a record and cassette shop, Steve has met Pedro, a young Puerto Rican who works there.

STEVE	How goes it, Pedro? What's new?
PEDRO	I'm glad to see you, Steve. Tonight there is a concert

	that you are going to like a lot.
STEVE	What concert is it? A symphony? I want to hear music that is typical of Puerto Rico.
PEDRO	Well, you are very lucky. It's the Areyto Group. There is no group that interprets better the music of Puerto Rico.
STEVE	Well, yes. That interests me. Are you going to go?
PEDRO	Certainly. I am going to take my girlfriend. What do you think? Shall we invite another girl to accompany us?
STEVE	I imagine you know many girls. Will there be one who will accept the invitation of a gringo (American)?
PEDRO	Yes, I know several. Let them decide! Let's invite my girlfriend's friend. Her name is Juana.

At the concert

STEVE	This group is great! I like the music of Puerto Rico very much.
JUANA	Well, I like it too, but I prefer your music.
STEVE	What? It's incredible that you prefer (like) American music more!
JUANA	It isn't that. I prefer music that has more melody.
STEVE	Like what, for example?
JUANA	Country Western. It's a music that thrills me. We visited Nashville and there I became acquainted with Dolly Parton and Kenny Rogers.
STEVE	I don't understand it, but I'm glad you like our folk music.
JUANA	In the matter of tastes, you know that everyone has his own preference (every head is a world).
STEVE	I really believe it! A different world.

Lección diecisiete

Dialog: Santiago and at 'em!

Christine Robson has been the United States consul in Santiago de Compostela for two years. Tonight her friends have organized a farewell party for her in the Hostal de los Reyes Católicos.

CHRISTINE	How nice it is to be with good friends in this magnificent place!
FRANCISCO	Even though you may be (Though you may be) far away, you will always remember Galicia and Spain. After some more people arrive, we will begin the dinner.
RAÚL	I am going to take pictures so you will have some souvenirs. Is that all right?
CHRISTINE	Yes, agreed, provided I'm not the only one (I don't come out alone) in the picture. Perhaps afterward, when everyone is in place, it will be better.
EVELINA	We are going to miss you very much, Christine. Remember the refrain that says: "If you make (take) new friends, don't forget the old ones."
CHRISTINE	Don't worry! I will never forget you.
EVELINA	Fine. As soon as you arrive in Washington, you are going to write to us.
CHRISTINE	As soon as I know the new address, I'll send it to you. And I want all of you to visit me without my making a written invitation to you.
FRANCISCO	I toast the guest of honor. And so that you don't forget us, we have brought you these bottles of happiness.
CHRISTINE	Thank you very much. The wine from Santiago will make me remember my (the) good friends of Galicia.
RAÚL	How about these Galician cheeses? How are you going to get them through customs without the customs officials knowing it?
CHRISTINE	I will take them with me even though I may have to pay the customs duties.
FRANCISCO	And don't forget the patron saint of Galicia.
CHRISTINE	Yes. Santiago and at 'em!

Lección dieciocho

Dialog: The end of the world!

Ricardo and Catalina, two likable Spaniards, have been engaged for two years. After having resolved many problems, they have serious intentions of getting married some day. Ricardo is 28 years old. He is an announcer for Radiotelevision Spain. Catalina is 25, is a part-time professor of Spanish language, is studying for the doctorate in Spanish literature, and works in the afternoons as a scriptwriter.

CATALINA   I'm glad that we could finally set the date for the wedding.

RICARDO   Me, too. It was time! If it weren't for your dad we would already be married.

CATALINA   But you insisted on my leaving the university, and he didn't want that. But, anyhow (finally) . . .

RICARDO   You didn't, either. It isn't as though it were the end of the world.

CATALINA   For you, like a knight of the past century, it was a very important achievement to obey your heart instead of your macho tradition.

RICARDO   I believe your dad was worried about the money you could bring to the marriage.

CATALINA   You know that for me, that was not important. As I have told you many times, as long as I have you, I'll settle for bread and onions (with you, bread and (an) onion).

RICARDO   Agreed, dear, but you lead a very busy life . . . professor, student, scriptwriter, and soon now, wife. I wish you had more free time!

CATALINA   If I had more time, I would always be with you. It has take (cost) me an enormous effort to arrive at this point. I enjoy so much the classes at the university.

RICARDO   Yes, I understand. I like for you to be occupied with something that pleases you so much. Some day, you are going to think seriously about our future family, right?

CATALINA   Well, dear, first the wedding and afterward we'll see.